U1000904

高校现代教学实用指南

颜京霞　曹蕾　李辉　汪金花　主编

中国矿业大学出版社
·徐州·

图书在版编目(CIP)数据

高校现代教学实用指南/颜京霞等主编. —徐州：中国矿业大学出版社,2021.12

(高校青年教师现代教学培训指导丛书)

ISBN 978-7-5646-5180-0

Ⅰ. ①高… Ⅱ. ①颜… Ⅲ. ①高等学校－青年教师－师资培训－指南 Ⅳ. ①G645.12－62

中国版本图书馆 CIP 数据核字(2021)第 279058 号

书　　名 高校现代教学实用指南

主　　编 颜京霞　曹蕾　李辉　汪金花

责任编辑 徐　玮

出版发行 中国矿业大学出版社有限责任公司

(江苏省徐州市解放南路　邮编 221008)

营销热线 (0516)83884103　83885105

出版服务 (0516)83995789　83884920

网　　址 http://www.cumtp.com　**E-mail**:cumtpvip@cumtp.com

印　　刷 徐州中矿大印发科技有限公司

开　　本 787 mm×1092 mm　1/16　**本册印张** 5.75　**本册字数** 147 千字

版次印次 2021 年 12 月第 1 版　2021 年 12 月第 1 次印刷

总 定 价 48.00 元(共 2 册)

前　言

教师，是知识的传播者和文明的传承者。自古以来，“学为人师，行为世范”是国家和社会对教师这一职业的共同期待。高校教师作为高校教学和科研工作的主要承担者、基层教学改革的探索者、先进知识文化的传播者，对学生的人生观、价值观、世界观的形成有着直接且重要的影响。因此，教师的职业水准、教学技能、道德素养直接关系到学校人才培养、科学研究、社会服务等目标的完成情况。

作为高校教育工作的生力军，青年教师的培训工作尤为重要。华北理工大学教师教学发展中心成立于2012年，几年来，在学校的大力支持下，中心秉承“以人为本、分类培养、个性服务、全面发展”的指导思想，恪守“学思践悟、重在实践”的培训理念，积极开展了教师培养与培训、教学研究与交流、教学评价与激励、教学咨询与服务等系列活动。青年教师培训是中心的一项重要工作，通过系统化的专项培训，不断提高师德修养和身心素养，树立现代教育教学理念，掌握高等教育发展规律，夯实教育教学技能和方法，拓展国际视野，增强创新意识和实践能力，努力建设一支有理想信念、有道德情操、有扎实学识、有仁爱之心的青年教师队伍是中心对青年教师的培养目标。根据这个目标，中心为青年教师量身打造了专项培训体系，全方位、立体化对青年教师进行能力提升。通过不断探索与实践，具有华北理工大学特色的教师培养培训模式已初见雏形。

高质量的教材是提高培训质量的基本条件。华北理工大学教师教学发展中心依据近十年的培训成果，组织培训专家编写了《高校青年教师现代教学培训指导丛书》，包括《高校现代教学实用指南》和《高校现代教学培训实操》两册。本丛书围绕教育理念、课程设计、课堂教学、考核评价和综合素养等模块进行编写，系统地阐述了青年教师在专项培训过程中需要完成的全部内容及如何通过培训考核正式站上讲台，为青年教师深刻解读了在新时代培养什么样的人，为谁培养人的重要问题。该丛书功能明确、简明易懂、注重实战，对青年教师的教学能力提升有着重要的指导意义。

《高校现代教学实用指南》共四章，第一章主要阐述了大学教师的概念，诠释了教育与教学的关系及理念；第二章对教师的职业素养进行了详细阐述；第三章解读了华北理工大学青年教师专项培训及考核体系；第四章全面介绍了各类教学文档。

在本丛书编写过程中，编委会成员参阅了大量的资料，并从中得到了很大的收益，这对完成本书的编写起到了非常重要的作用。在此，对这些资料的作者和提供者表示衷心的感谢。

本丛书的编写工作在华北理工大学副校长张艳博、教务处处长许莹和副处长韩利华的悉心指导下完成。国家教学名师刘春凤教授以及学校教学督导委员会委员郭瑞华教授、芮玉兰教授等专家组成了顾问委员会，他们对本书提出了很多有益的意见和建议，在此深表感谢！

由于编写时间仓促，书中难免存在疏漏，在今后的工作中，编委会全体成员将继续进行思考、探索和整理，使之趋于完善。

目　录

第一章　教育理念

人类社会步入21世纪以来，伴随着世界多极化与经济全球化的新形势，科技进步日新月异，人才竞争日趋激烈。国与国之间的竞争逐渐由经济竞争转变为人才竞争，这使世界各国都深刻认识到了人才培养的重要性。人才培养离不开知识的传授和素养的提升，知识的传授和素养的提升需要依靠高水平、高素质教师的高质量劳动，因此，世界各国都十分重视教师队伍的建设。大学教师是大学的基本组成要素，是大学的核心。一所大学的教学质量、科研水平和办学声誉虽然受到多种因素的影响，但教师始终是其中最重要的因素。高等学校是教师和学者集中的地方。从运作方式来看，大学在很大程度上等同于教师。因此，大学的发展依赖于大学教师的发展，大学教师的发展程度保证了现代大学发展的基本速度。大学教师的思想信仰、价值倾向、学术水平和精神状态将直接影响高等学校的效率和效益，也从根本上影响高等教育系统的学术生产力。

近年来，我国高等教育重点开始从规模扩张向提高质量和深化内涵转变。《国家教育事业发展“十三五”规划》把全面提高教育质量、进一步提升教师素质作为主要目标，《国家中长期教育改革和发展规划纲要(2010—2020年)》中明确表示要全面提高高等教育质量，并将其作为建设高等教育强国和高等教育发展的核心任务的基本要求，其中《教育部关于全面提高高等教育质量的若干意见》(教高〔2012〕4号)中第二十七条明确提出，提高教师业务水平和教学能力，加强高层次人才队伍建设。特别是在我国高校当前的“双一流”建设背景下，大学需要更加全面地推进大学教师培养和发展，提高大学教师教学能力，这是大学持续发展基础保证。

第一节　大学教师

一、教师的内涵

教师是人类文化的传承者，教师是人类社会中最重要的职业之一。我国自古以来就十分强调教师的重要性。西汉学者扬雄认为，“师者，人之模范也”；北宋教育家李觏指出，“善之本在教，教之本在师”；清末教育家张謇强调，“兴学之本，惟有师范”。

《中华人民共和国教师法》(以下简称《教师法》)中教师的定义:教师是履行教育教学职责的专业人员,承担教书育人,培养社会主义事业建设者和接班人、提高民族素质的使命。教师应当忠诚于人民的教育事业。

《教师法》第八条规定教师应当履行下列义务:(一)遵守宪法、法律和职业道德,为人师表;(二)贯彻国家的教育方针,遵守规章制度,执行学校的教学计划,履行教师聘约,完成教育教学工作任务;(三)对学生进行宪法所确定的基本原则的教育和爱国主义、民族团结的教育,法制教育以及思想品德、文化、科学技术教育,组织、带领学生开展有益的社会活动;(四)关心、爱护全体学生,尊重学生人格,促进学生在品德、智力、体质等方面全面发展;(五)制止有害于学生的行为或者其他侵犯学生合法权益的行为,批评和抵制有害于学生健康成长的现象;(六)不断提高思想政治觉悟和教育教学业务水平。

2014年9月9日,习近平在北京师范大学和师生代表座谈时强调:教师重要,就在于教师的工作是塑造灵魂、塑造生命、塑造人的工作。一个人遇到好老师是人生的幸运,一个学校拥有好老师是学校的光荣,一个民族源源不断涌现出一批又一批好老师则是民族的希望。哈佛大学第二十三任校长詹姆斯·科南特指出,大学的荣誉不在于它的校舍和人数,而在于它一代代教师的质量,一个学校要站得住,教师一定要出色。清华大学原校长梅贻琦曾提出大学者,非大楼之谓也,大师之谓也。可见,教师是大学最重要、最宝贵的资源。

二、大学教师发展

大学教师发展,对这一概念的解释非常多,并且一直与大学使命的变迁、本国的高等教育历史传统紧密相连,以至自这一概念提出来之后,经过近几十年的发展,不仅尚未形成统一的理解,甚至连其用词和语义等都还不明朗。在美国,大学教师发展一般被称为 faculty development(简称 FD)。早期也曾经出现过 staff development, teacher development, professional development 等词汇。英国主要采用的是 staff development(简称 SD),并且后来被澳大利亚和德国等国所用。与 FD 只把大学教师当作发展对象相比,SD 包含大学教师和职员两个对象。

20世纪70年代,克罗(Crow)、密尔顿(Milton)等人将大学教师发展定义为:大学教师作为个体、专业人员、学术共同体成员的全面发展。大学教师发展以教学发展为主,主要体现在关注教学方法、教学技术、课程发展和学生教学评价等方面。我国对大学教师发展的定义是基于固有的高等教育背景"师资队伍建设"下的一种概念,是指教师个体或群体力图改变自身的态度、技能和行为,以更好地满足学生需求,服务院校宗旨与使命的政策、组织、活动与过程的统称。

大学教师发展与教师培训、教师学习共同体和教师队伍建设等概念既有联系又有区别。教师培训是大学教师发展的组成部分,学习共同体是大学教师发展的组织载体,而大学教师发展又是教师队伍建设的关键环节。大学教师发展旨在实现教师在知识、技能、态度和行为等方面的提升。就内容而言,这些提升主要集中于但不限于学科专业发展、教育教学能力发展等领域。

阿蒙森(Amundsen)和麦卡尔平(L. Mc Alpine)在《大学教师发展综述:描述思考与实践》中阐述了大学教师发展的基本内容,指出大学教师发展的五个中心,分别是以技能为中心、以方法为中心、以过程为中心、以学科为中心和以组织为中心。其中,以技能为中心重点关注可观察的教学行为或技能；以方法为中心主要关注开展合作学习、基于问题的学习等教学方法和方式的改进；以过程为中心更加重视小组合作，关注教师在教学实践中的反思。

斯坦纳特(Steinert)等人将大学教师教学发展的内容总结为以下 20 个方面：① 发展相关教学知识；② 发展相关教学技能；③ 转变教学态度与合作态度；④ 提高关于教学、研究和管理的知识和技能；⑤ 在课程开发、教育管理上改进行为；⑥ 转变教育角色与责任；⑦ 提升教学效率；⑧ 提高教学的激情和亲和力；⑨ 改进教育技术；⑩ 提升合作教学的能力，开展以学生为中心的教学；⑪ 更加熟悉教育概念；⑫ 改变教学方式与领导角色；⑬ 提高对教学能力的意识，改变对教学评价的态度；⑭ 改变教学哲学和教学激情；⑮ 有效分析教学和教学方法；⑯ 获得课程开发的技能；⑰ 提升教学决策的能力与自信；⑱ 明确个人的优势、劣势和局限性；⑲ 改善学习氛围；⑳ 改善教学绩效。

三、大学教师能力

1998 年，《世界高等教育大会宣言》指出：21 世纪将是更加注重质量的世纪，由数量向质量的转移，标志着一个时代的结束和另一个时代的开始，重视教学质量是一个时代的命题，谁轻教学质量谁将会为此付出沉重的代价。影响高等教育质量的因素众多，大学教师教学能力是其中的关键要素，教师教学能力对高校培养人才的质量具有至关重要的影响，是大学教师必备的专业能力和核心素质，因而大学教师教学能力研究是提高高等教育质量过程中不可绕行的一个关卡。

大学教师的教学能力是教师综合素养中最基本的部分。大学教师教学能力结构包含哪些方面？在新的发展背景下大学教师能力是否与时俱进并有更高要求？教育研究者围绕“教学能力”有诸多解释。

美国学者凯瑟琳·史密斯(Kathleen Smith)和罗纳德·辛普森(Ronald Simpson)认为，教学能力由六个维度组成：管理技能、学术技能、计划技能、表达交流技能、评估反馈技能、人际交往技能。我国学界认为，教育教学能力包括准确把握教学重点和难点的能力、认识学生的能力、设计教学的能力、表达能力、教育教学组织管理能力、教育教学交往能力、反思能力、教育教学研究能力和创新能力等。

高等教育学科创始人、厦门大学教授潘懋元认为，大学教师教学能力包括两个方面：一方面，大学教师要具备不断更新知识和调整知识结构、提高自己学术水平的能力；另一方面，大学教师应该具有研究治学规律、寻求最佳治学方法的能力。

北华大学教授林永柏提出了大学教师的十项教学能力，他认为教学能力是由多种单项能力构成的有机体，包括教学目标和教学任务的认知能力、教学内容的驾驭能力、学科内容的评价能力、教学方案的设计能力、教学表达能力、课堂教学的组织管理能力、选择运用教学方法和教学媒体的能力、教学活动的调控能力、教学创新能力、培养学生终身学习的能力。

潘赛在学生为学习活动主体的背景中通过实证调查研究得出教师应具备的教学能力：激发学生兴趣，调动学生积极性、主动性能力；语言表达能力；组织课堂，开阔学生视野，启发学生独立思考能力；个性化教学能力；与学生沟通，激发学生问题意识能力。

教学能力主要包括：全面掌握与科学设计教学内容的能力、良好的语言表达能力、多方面良好的组织管理能力、善于因材施教的能力、对教学情景中应变与调控能力、自我监控能力、自我鉴定能力、自我评价能力、自我教育能力、一定的教育科研能力和教育机智。

2007年,《教育部关于进一步深化本科教学改革全面提高教学质量的若干意见》(教高〔2007〕2号)指出,教书育人是教师的天职,教学是教师的首要工作,教师是提高教学质量的根本保证。教师的教学能力是影响大学教学质量和教学效果的关键因素,是直接影响课堂教学效果以及学生学习兴趣、学习质量的内在要素,是教学的灵魂和核心。因此,每一位大学教师有必要长期有效提高自身教学能力,更好地为教学工作服务。

从现代科学发展来看,自然科学与社会科学的相互渗透、相互结合,形成一系列的交叉学科、边缘学科、跨学科的学科,这就向教师提出新的要求。教师既要学有专长,又要广泛涉猎;既要专精,又要博学。现代社会要求教师应成为通识型人才,成为T型人才——学科专业知识精深,教育科学知识广博,教育实践技能运用熟练。因此,教师不仅需要具有广博的普通文化知识,包括人文社会科学知识、自然科学知识和现代科学技术知识,还要将其内化为个人的文化素养,从而成为具有高尚精神境界和健康人格特质的"人类灵魂工程师"。

第二节　教育与教学

一、教育的内涵

教育的英文词汇是education,该词由拉丁文演变而来,有引出和唤醒的意思,即教者将学习者潜藏在其身体或心灵中的知识、智慧与美德诱导出来的活动。这种引出或唤醒,在方向上是由内到外的,而所要引发或唤醒出来的知识、智慧和美德,又先天地存在于学习者身体或头脑之中;教者的作用,仅在于唤醒学习者的意识和努力,他本身并不增加学习者的新品质。因此,教育之所以是教育,就在于引导和唤醒的力量。如苏格拉底受其母亲为人接生的影响和启发,认为自己是"知识的产婆"。这就意味着,教育不是强加于人的外在物,而是帮助和引导人自身智慧、力量与德性的自然生发或成长的过程。此种观念植根于西方,已成为重要的、居主流地位的传统教育思想。

柏拉图认为教育和学习的本质是"回忆",即帮助学习者唤起头脑中先验的秩序和概念(如他把作为理念的桌子看成实在的、第一性的东西,它先于作为实物存在的桌子)。捷克教育家夸美纽斯提出了著名的教育自然性法则,他认为儿童头脑中先天地存在真善美的种子,教育的作用在于为种子浇水施肥,催其生成发展。美国教育家杜威把教育本质界定为"教育即生活、教育即生长、教育即经验的不断改造",他认为教育除了过程自身,不存在任何外在的目的。当代西方教育理论和学习理论中影响最大的就是知识建构说、知识生成说和知识交往说,认为知识智慧不是外在于人的现成的东西,不是单纯地传授和灌输就能够将知识智慧从外部世界转移到学习者头脑之中,而是通过师生认知主体在教学过程中经验参与、协商对话、实践交往等现实活动生成的。事实上,在西方,与教育一词相近或等同的概念是文化。"文化"一词有两方面含义,一是农业耕耘和作物栽培,二是人的开化与修养。由此可见,教育本质是引导人顺其自然地内在生长,其立论基础是人及其发展,教育过程就在于人的自然本性的展开。

与西方世界"内生论"或自然论的教育本体论不同,中国人往往在关系之中理解教育。在教育关系和教育过程中,不存在单体的个人和自由的个人,人都是作为人伦之人、社会之人和文化之人而存在,这便是孔子所谓的"人者仁也"。他认为人的本质由"仁""礼"等外在人伦社会性来规定。《说文解字》在解释教育时提道：教，上所施，下所效；育，养子使作善也。《学记》认为“化民成俗，其必由学”。两千多年来思想家教育家无一不以社会性来理解和规制教育，认为教育的本质就是将社会的知识秩序灌输到学习者头脑之中。上施下效、化民成俗、仁义礼智，最明显不过地将人置于外在教育秩序安排之中，这在方向上正好与西方的自内而外相反。这就是教育本质的“外在论”或“社会论”。马克思主义传入中国后，教育的外在论、本质论更加巩固。马克思认为，人是环境和教育的产物，人的本质不是单个人所固有的抽象物，在其现实性上，它是一切社会关系的总和。

改革开放以后，随着思想解放和党的工作重心向经济建设的转移，随着世界范围内掀起的科技革命新浪潮，人们认识到教育不仅具有政治属性，更具有经济属性，特别是高等教育，不仅能够直接生产人的劳动能力，还能够生产科学技术。高等教育投资是重要的生产性投资，是促进国家经济发展的重要力量，由此提出了教育的本质是生产力这一重大命题。

为了明确高等教育内在论本质论的合理性，应明确把人置于高等教育中心，以人为本，发现人、尊重人、培养人，重视研究人才成长规律、重视研究学术发展规律。党的十八大提出“推动高等教育内涵式发展”，实现高等教育从外延式发展向内涵式发展的战略转变，其根本意蕴就在于确立高等教育的育人本位，真正把人作为教育过程的主体，全部工作以人才培养为中心。这就把过去教育过程中丢失的“人”重新找回来，把工作重心从过去的“物”自身重新回归到“人”本身。从这一点上理解，内涵式发展实质就是强调人的主体性发展，就是强调人的全面和谐发展，这无疑是对高等教育自身本质的认可和呼唤，是高等教育本质观的理性回归。

二、教学的含义

教学是教师的“教”和学生的“学”所组成的一种人类特有的人才培养活动。通过这种活动，教师应有目的、有计划、有组织地引导学生学习和掌握文化科学知识与技能，促进学生素质提高，使他们成为社会所需要的人。

教学有两种含义，其一是指教育。例如，《礼记·学记》：“玉不琢，不成器；人不学，不知道。”是故古之王者建国君民，教学为先。《后汉书·章帝纪》：“十一月壬戌，诏曰：‘盖三代导人，教学为本’。”《南齐书·崔祖思传》：“自古开物成务，必以教学为先。”其二是指教师把知识、技能传授给学生的过程。例如，《孔子家语·七十二弟子解》：“颜由，颜回父，字季路。孔子始教学於阙里而受学，少孔子六岁。”《东观汉记·邓禹传》：“（邓禹）笃於经书，教学子孙。”《扬州画舫录·城西录》：“室三楹，庭三楹，曰‘一字斋’，即徐学庵教学处。”

教学具有以下若干个任务：向学生传授系统的科学知识，训练学生形成基本技能与技巧，发展学生的智力和能力；培养学生具有坚定正确的政治方向、辩证唯物主义的世界观和共产主义的道德品质，使学生身体正常发育，健康成长；培养学生具有正确的审美观和感受美、鉴赏美、创造美的知识和能力，使学生掌握现代工农业生产的基本知识，学会使用基本生产工具的技能。要高质量高效率地完成上述教学任务，一个至关重要的方面是必须遵循教学规律，即处理好间接经验和直接经验相结合的关系，传授知识和提高思想觉悟的关系，传授知识和发展智力的关系，以及发挥教师的主导作用与调动学生积极性、自觉性的关系。

教学的目标是通过“知识”这个“媒介”让学生学会学习，强调的是认知过程（学习方法及学习体验）。思维型教学遵守“以人为本”的教育理念，以思维训练（激发思考—学会思考—

运用思考—享受思考)为主线,通过对知识的学习来提高学生的思维能力。教学又是借助不同的形式实现的。截至目前,教学组织形式有:教学的基本形式——课堂教学;教学的辅助形式——现场教学和个别指导;教学的特殊形式——复式教学;教学的电化形式——多媒体教学。

三、智慧教育

智慧教育信息化发展的必然结果,带来了教育形式和学习方式的重大变革,促进了教育改革,并对传统的教育思想、观念、模式、内容和方法产生了巨大冲击。教育的根本问题是培养什么样的人、怎样培养人。智慧教育的根本目标,是为国家和社会培养更多面向21世纪能够应对复杂挑战、解决复杂问题、具有美德善行的智慧学习者(专家学习者)。智慧教育是信息化教育的新阶段和新境界。它寄望能够借助信息技术的优势和有意义的教学活动来促进教育深层次变革,大幅提高教学质量。

2009年,国际商业机器公司(International Business Machines Corporation,简称IBM)提出了智慧教育的五大路标是:技术沉浸、个性化学习路径、知识技能、全球整合、经济联合。从技术支持角度看,IBM强调智慧教育就要利用技术“改善教学效率和学习成果”。祝智庭教授指出,智慧教育的真谛就是通过构建技术融合的生态化学习环境,通过培植人机协同的数据智慧、教学智慧与文化智慧,本着精准、个性、优化、思维、共享、创造的原则,让教师能够施展高成效的教学方法,让学习者能够获得适宜的个性化学习服务和美好的发展体验,使其由不能变为可能,由小能变为大能,从而培养具有良好价值取向、较强行动能力、较好思维品质、较深创造潜能的人才。智慧教育是信息化教育的高级发展阶段和新形态。柯清超教授认为,智慧教育的愿景是应用新一代信息技术,变革如今依然停留在工业时代的“教学工厂”式学校教育,提升教育系统的效率和智能化程度,为信息社会培养适应时代发展的智慧型人才。

智慧教育即教育信息化,是指在教育领域(教育管理、教育教学和教育科研)全面深入地运用现代信息技术来促进教育改革与发展的过程。其技术特点是数字化、网络化、智能化和多媒体化,基本特征是开放、共享、交互、协作,以教育信息化促进教育现代化,用信息技术改变传统模式。智慧教育是依托物联网、云计算、无线通信等新一代信息技术所打造的物联化、智能化、感知化、泛在化的新型教育形态和教育模式。

教育信息化将在教育云平台上进行展现,随着教育信息化平台的发展应用,教育信息化将为现有的教育网、校园网进行教育信息化升级,新一代教育网必然成为未来教育信息化的基础。亚洲教育网素质教育云平台是国内实现三网合一的教育云平台,能够实现电信网、广电网跨平台使用,并且手机短信支持联通、电信、移动全网覆盖。

在线教育是智慧教育在实际应用过程中要注重“四性五度”内涵建设要求。所谓“四性”是对在线平台及课程的建设要求,要求建设内容的前沿性,在线课堂互动的高效性,在线教学方法技术的创新性以及教学结果知识能力素质相结合的有效性。所谓“五个度”是高等教育在线教育“质量革命”的标准,即培养目标的达成度、社会需求的适应度、技术条件的支撑度、质量保障运行的有效度、学生学习的满意度。这五个度,不仅是评估高校教学工作的尺度与标准,也是高等教育在线教学的质量评价标准。

第三节 教学理念

众所周知，教育是与人类同时出现的社会现象。人类在教育实践活动中，传递着经验，培养着新一代，实现着人类自身的再生产，并在这种活动中认识和反观教育本身。教学实践本质上是教师引导学生学习的实践过程，教师必须及时更新教学理念、教学策略，通过具体教学行为引导培养学生。2016年9月，《中国学生发展核心素养》正式公布，定义了学生发展核心素养，要求大学毕业生应具备能够适应终身发展和社会发展需要的必备品格和关键能力，成为"全面发展的人"，综合表现为人文底蕴、科学精神、学会学习、健康生活、责任担当、实践创新六大素养。一线教师是实施人才培养的关键，只有深化课程改革、落实立德树人、创新创业理念，才能为学生核心素养发展助力。2018年6月，新时代全国高等学校本科教育工作会议在成都召开，教育部党组书记、部长陈宝生强调，本科教育要坚持"以本为本"，推进"四个回归"。"四个回归"具体内容为：一是回归常识。要围绕学生刻苦读书来办教育，引导学生求真学问，练真本领。二是回归本分。要引导教师热爱教学、倾心教学、研究教学，潜心教书育人。三是回归初心。要坚持正确政治方向，促进专业知识教育与思想政治教育相结合，用知识体系教、价值体系育、创新体系做，倾心培养建设者和接班人。四是回归梦想。要推动办学理念创新、组织创新、管理创新和制度创新，倾力实现教育报国、教育强国梦。

这要求我们大学教师必须更新理念，改革教学，以符合新时代对人才和人才培养的新要求。青年教师在认真开展教学工作，尽心尽力工作的基础上，需要在教学内容、行为、意识和细节中学习并引入"以人为本"的教学理念，加强"立德树人""创新创业"等内容的教学，使教学过程和培养方法更符合华北理工人才培养目标。

一、突出成果导向教育(OBE)教育理念

（一）培养目标

党的十八大报告中要求"推动高等教育内涵式发展"。所谓内涵式发展是以提升质量为核心的发展，大学的内涵式发展突出个性化发展观念，依据自身的文化积淀、学术传统、学科特色以及地区和行业特色，依据自身的办学条件和当地经济社会发展现状对大学发展所提出的要求，形成本校发展的个性化的指导思想、基本思路和工作重点。学校和专业培养目标的核心就是培养什么样的人。培养目标包括学校人才培养总目标和专业培养目标两个层面。

一所大学会根据自己的历史背景、发展需要及专业设置情况，建立学校总体培养目标。华北理工大学是一所以工、医为主，理、经、管、文、法、艺、教等多科性综合性大学，有留学生教育、博士硕士研究生教育、本科教育、继续教育等教育类别和层次。学校培养总目标是以提高人才培养质量为核心，着力培养具有健全人格、健康体魄、较高人文素养和科学素质、视野宽广、基础扎实、创新精神和实践能力强的复合型、应用型高素质人才。在教学中应秉承"学术并举、崇术重用、依托行业、服务地方"的理念，恪守"明德博学、勤奋求实"的校训精神。

专业培养目标应体现于人才培养的全过程，是构建知识结构、形成课程体系和开展教学活动的基本依据。例如，美国的工程与技术评估委员会(ABET)对工程教育培养专业人才

的评估制定了 11 条标准：有应用数学、科学与工程等知识的能力；有进行设计、实验分析与数据处理的能力；有根据需要去设计一个部件、一个系统或一个过程的能力；有多种训练的综合能力；有验证、指导及解决工程问题的能力；有对职业道德及社会责任的了解；有效地表达与交流的能力；懂得工程问题对全球环境和社会的影响；学会终身学习的能力；具有有关当今时代问题的知识；有应用各种技术和现代工程工具去解决实际问题的能力。这 11 条评估标准涵盖了一名合格的现代工程师所应具备的全面能力和素质，它不仅包含了传统的数学和科学基础素养，而且更加强调工程实践能力、终身学习能力、团队合作精神、职业道德及社会责任等。华北理工大学的各专业人才培养目标与学校的办学定位与人才培养总体目标相一致，在秉承和支撑学校人才培养总体目标的基础上，突出了本学院和专业特色。

（二）OBE 目标

成果导向教育（Outcome-based Education，简称 OBE）是以成果为导向的教育或是以产出为本的教育。在理念上，OBE 是一种“以生为本”的教育模式；在实践上，是一种聚焦于学生受教育后获得什么能力和能够做什么的培养。一切教育活动、教育过程和课程设计都是围绕实现预期的学习结果。OBE 模式适应了社会，特别是企业界对人才的需求，即学生的技能与能力应以可观察的、可测量的以及可应用的模式呈现。该教育模式于 20 世纪 80 年代在美国兴起。1994 年，美国学者斯派帝（Spady）撰写的《基于产出的教育模式：争议与答案》一书中对此模式进行了深入研究。该书把 OBE 定义为：清晰地聚焦和组织教育系统，使之围绕确保学生获得在未来生活中获得实质性成功的经验。此后，这一模式在澳大利亚、英国、加拿大、南非、新西兰等国家得到广泛运用。OBE 模式在推动工程教育改革，提高工程人才培养质量等方面具有重要的作用，已成为国内地方工科院校广泛关注的焦点。目前，OBE 理念已经融入我国人才培养目标、专业培养方案及课程方案的建设中，作为毕业要求技能、知识和能力各类目标的直接或间接测评方法。

OBE 模式与传统教育模式有一定区别。传统教育是学科导向的，遵循的是专业设置按学科划分的原则，教育倾向于解决确定、线性、静止封闭问题的科学模式，知识结构强调学科知识体系的系统性和完备性，教学设计更加注重学科的需要，而在一定程度上忽视了专业的需求。OBE 模式遵循的是反向设计原则，其反向是相对于传统教育的正向而言的，见表 1-1。反向设计是从需求（包括内部需求和外部需求）开始，由需求决定培养目标，由培养目标决定毕业要求，再由毕业要求决定课程体系。正向设计是从课程体系开始，逆反向过程到毕业要求，到培养目标，再到需求。

表 1-1　OBE 模式与传统教育模式对比

内容	OBE 模式	传统教育模式
评价点	关注输出的学习成果，如何取得学习成果，如何评价学习成果	关注输入形式，教学内容、学分和学习过程
特点	以学生为中心，主动学习，强调学习结果、教学过程和学习过程的可持续性	以教师、教科书为中心，比较被动学习，强调教师个性学习内容的完整性
评价形式	多种评估形式	以考试、分数为主要评估形式

OBE 模式认为：教学就是“教学生学”，教学生“乐学”“会学”“学会”。其中“会学”是核

心，要会自己学、会做中学、会思中学。教学理念是对教学为什么的追问。传统教育模式认为：“教”是为了“教会”，“学”是为了“学会”。OBE模式主张的教学理念是：教为不教、学为学会。“教为不教”有两层含义：“教”的目的是“不教”，“教”的方法是“大教”。“教，是为了不教”是我国当代著名教育家叶圣陶先生的名言。这种“教”是教学生“学”，这种“大教”是“善教”。OBE模式主张的教学原则是：教主于学。教主于学在于：教之主体在于学，教之目的在于学，教之效果在于学。“教之主体在于学”就是教学要以学生为主体，这是教主于学的核心。“教之目的在于学”即前述的教学为什么，它有三层含义：一是为了“乐学”，二是为了“会学”，三是为了“学会”。“教之效果在于学”是如何评价教学。要放弃传统的“以教论教”，坚持“以学论教”评价原则。也就是说，“教得怎么样”要通过“学得怎么样”来评价。

OBE模式是以预期学习产出为中心来组织、实施和评价教育的结构模式。阿查亚(Acharya)指出，实施OBE模式主要有四个步骤：定义学习产出、实现学习产出、评估学习产出和使用学习产出。简要地说，它要回答四个问题：

(1) 我们想要学生的学习成果是什么？

(2) 我们为什么要学生取得这些学习成果？

(3) 如何帮助学生取得这些学习成果？

(4) 如何有效地了解学生已经取得了这些学习成果？

这里所说的成果是学生最终取得的学习结果，是学生通过某一阶段学习后所能获得的最大能力。学习成果就是确定培养目标，培养目标既是OBE的终点，也是其起点，目标要充分考虑政府、学校和用人单位，还有学生、教师和学生家长等的要求与期望。

二、注重以人为本

(一) 以人为本的实质

以人为本思想早在两千多年前就已经萌芽，《管子·霸言》中提道：夫霸王之所始也，以人为本。以人为本的教育思想在辩证唯物主义指导下批判地继承了人本主义教育思想的精髓。概括地讲，人本主义教育者强调对学生进行全面的教育，根据学生的需要和兴趣进行教学；重视教学中的师生关系，强调师生之间的尊重、理解和情感因素，重视学生的自我实现。《国家中长期教育改革和发展规划纲要(2010—2020年)》明确指出，坚持以人为本、全面实施素质教育是教育改革发展的战略主题。以人为本的大学教学的最终目标就是关爱和尊重每个学生的生命本性，培养学生丰富的社会属性与鲜活的个性，关照学生的全面持续发展要求。要实现这一目标，大学教师是主要承担者。正如德国哲学家雅斯贝尔斯(Jaspers)所说：人，只能自己改变自身，并以自身的改变来唤醒他人。大学教育的真谛是帮助学生成为既能适应社会又能改造社会的人，实现对自身、对上一代的超越。以人为本理念对于保证学生的主体性、开启学生的创新能力、让课堂教学真正效益最大化有着重要的意义。教师应在实际教学过程中突出以学生为主体、以学为主、以学习效果为目标的“三学”原则，培养自身良好的教学底蕴。

现代课堂教学的培养目标也可以突出以人为本的实质，例如素质教育提倡的“三维目标”。三维目标包含知识与技能维度，过程与方法维度，情感、态度与价值观维度的目标。

知识与技能维度的目标立足于让学生学会，过程与方法维度的目标立足于让学生会学，情感、态度与价值观维度的目标立足于让学生乐学，任何割裂知识与技能，过程与方法，情感、态度与价值观“三维目标”的教学都不能促进学生的全面发展。

情感、态度与价值观是以人为本思想在教学中的体现，其实质就是关注人，而关注人是新课程的核心理念——一切为了每一位学生的发展，在教学中具体表现为：第一，关注每一位学生。第二，关注学生的情绪生活和情感体验。第三，关注学生的道德生活和人格养成。教师要努力使教学过程成为学生的高尚的道德形成过程和丰富的人生体验过程，这样，学科知识增长的过程同时也就成为学生人格的发展过程。

情感、态度与价值观具有主观性、体验性、内隐性等特点，它和知识与技能、过程与方法两个维度不同，一般难以明确、显性地表述出来，更不可能一节课一节课具体地罗列出来。对情感、态度与价值观的培养既要有机地结合课程教材内容的性质和特点，又要把握课堂教学活动的情境和氛围，做到“随风潜入夜，润物细无声”。

（二）如何以人为本

对大学教师而言，应在学科教学过程中切实地担负起教书育人的根本任务，把教书和育人有机地统一起来，使教学过程真正成为人才培养的过程。大学人才培养实际上包括“人”的培养和“才”的培养两个方面。从核心素养的角度讲，人才应同时具有必备品格和关键能力两种素质。课堂教学并不自然就是人才培养的过程，只有同时完成“人”（必备品格）的培养和“才”（关键能力）的培养的课堂教学，才是真正的人才培养的过程。教师的实际教学行为应突出学校培养目标和专业培养目标，并在实际教学中突出立德为先、立学为基；既要加强专业教育，注重“高素质、重应用、强能力”，又要加强思想品德教育，注重“树理想、讲诚信、强意志”；可以从多个角度开展教学设计和教学策略，但是必须教会学生做好 4 件事情：学会做人的能力、学会做事的能力、学会求知的能力、学会共处的能力。

（1）学会做人的能力，也就是学会生存，学会适应环境以求生存，改造环境以求发展的能力。每个人若想求得有价值的生存和发展，更有效地改造自然、改造社会，就必须充分开发潜能，发展个性，提高素质，增强自主性、能动性、创造性和责任感。

（2）学会做事的能力，也就是学会在一定环境中工作的能力，善于应付各种可能出现的情况，即不仅要学会实际动手操作的技能，更重要的是要具备一种综合能力，包括如何处理人际关系的能力，社会行为、集体合作的态度，主观能动性，管理能力，解决矛盾的能力，以及敢于承担风险的精神。

（3）学会求知的能力，也就是学会学习的能力。掌握认识世界的工具，以及最迅速、最有效地获取信息、处理信息和运用信息的能力，学会广博与专精相结合的学习方法。

（4）学会共处的能力，也就是在各项活动中，学会与他人合作。现代社会既充满竞争，也离不开合作。要学会在合作中竞争，在竞争中合作。既尊重多样化的现实，又尊重价值观的平等，增进相互了解、理解和谅解，认识相互依存的关系。

只有坚持从学生的发展需要出发，立足学生实际情况，构建“以人为本”的课堂教学模式，从教学设计、教学内容、教学方法等方面进行改革与创新，才能实现以人为本的教学。

（1）从教学观念、课堂教学设计、教学素材等方面应突出以学生为主体，尊重学生的人格尊严和个体差异，注重学生实践能力、自主学习能力、表达能力、团队合作能力等高阶思维培养。教师应该培养自己的“匠心”，精心开展教学设计。例如施教中如何抓住重点、突破难点，如何激疑、引疑、解惑，如何诱发不同意见，以及如何使学生参与训练等，均应融入教师的教学思想。

（2）在教学过程中，从学生实际出发，以个性为基础，遵循学生的个性特征，制定有效教学方法和教学策略，以学生为主体，由学生主动参与、自主学习，教师适当指导、适时点拨、适时引导，追求课堂的“乐学”情境，引导学生积极主动地学习。在实际教学中从备课到施教，乃至教后的指导，需要一颗“爱心”驱动。备课时考虑学生的实际，教课时注意因材施教，辅导时因人而异。特别是对于学困生，要不舍、不弃，施教时表现出慈心、耐心。

（3）在教学方法上，教师应该注意将课内知识传授、课外探究性学习及研究性实践相结合，对教学不同阶段所遇到的问题采用不同的教学方法。以人为本的教学方法的关键是变“应试教育”为素质教育，变“填鸭式”教学为“启发式”“讨论式”教学，充分发挥学生的自觉性、能动性、创造性，充分体现学生是学习的主人、教学的主体；善待学生，严爱并举；师生互动，教学合一。

三、强调立德树人

（一）何谓立德树人

青年兴则国家兴，青年强则国家强。习近平在党的十九大报告中对青年一代提出新要求：青年一代要有理想、有本领、有担当，国家就有前途，民族就有希望。对青年一代应加强思想道德建设，科学引导，要“立德树人”，培养造就一大批具有国际水平的战略科技人才、科技领军人才、青年科技人才和高水平创新团队。

立德树人的基本内涵，大致可以分为立德与树人两个层次，“立德”为确立品德、树立德业；“树人”为培植成长、培养成才。《左传》载：太上有立德，其次有立功，其次有立言；虽久不废，此之谓不朽。人生最高的境界首先是立德有德、实现道德理想，其次是事业追求、建功立业，再次是有知识有思想、著书立说。这三者是人生不朽的表现。“立德”居于人生三不朽之首。《资治通鉴》载：才者，德之资也；德者，才之帅也。

何谓“树人”？“树人”一词最早出自《管子·权修》：一年之计，莫如树谷；十年之计，莫如树木；终身之计，莫如树人。十年树木，百年树人。立德是树人的前提和基础。青少年学生时代，是逐步形成人生观、世界观、价值观的关键时期，“扣好人生的第一粒扣子”非常重要。

《习近平新时代中国特色社会主义思想学习纲要》将“立德树人”作为教育的根本任务，要求教育要把“立德”作为“树人”之基础。立德树人的语境宏阔、语意深远。立德，就是坚持德育为先，通过正面教育来引导人、感化人、激励人；树人，就是坚持以人为本，通过合适的教育来塑造人、改变人、发展人。立德树人是根本，内涵建设促发展。

苏联教育家加里宁认为，教师的世界观，他的品行，他的生活，他对每一现象的态度都这样或那样地影响着全体学生。大学时期是一个人世界观、人生观、价值观形成的关键时期，每个大学生都逐渐地在形成个人的思维与行动方式，大学教师在自身教学主张指导下的一言一行都直接影响或间接地影响大学生学习该项课程的内驱力。同时，大学教师的教学主张、思想行为对学生的影响是深远的，特别是对日后继续致力于教学或是学术研究领域的学生，教师可以长久地影响其教学治学的态度，甚至演变为一种传承。这也是对“立德树人”的一种诠释和引申。

（二）立德树人的实质

作为学校教育，需要我们以立德树人为根本任务，坚持走内涵式发展道路，不断提高人才培养质量。通过立德树人，让学生求得真学问、练就真本领，帮助学生锤炼坚强的意志和品格，培养奋勇争先的进取精神，历练不怕失败的心理素质，保持乐观向上的人生态度。

(1) 培养学生的“感恩”意识。《三国志·骆统传》载：今皆感恩戴义，怀欲报之心。感恩戴德是社会上每个人都应具有的基本道德品质，立德树人要先树感恩之德。必须教育学生要对父母的养育怀有感恩之心，对师长的教诲怀有感恩之意，对社会的帮助存有感恩之情，切实将知恩、感恩、报恩内化为人生品格，做到常怀感恩之心，常为报恩之事。

(2) 培养学生的诚信意识。诚信是立国之道，做人之本，修德之基。当今社会，一些学生诚信意识淡薄，失信行为时有发生。我们要把诚信教育摆在突出位置，结合学生的价值观制定有针对性的诚信教育方案和实践途径，让学生在学中悟、悟中醒、醒中行，体味诚信对个人发展的重要性。

(3) 培养学生的民族意识。学生的民族意识培养事关民族的未来，我们要对学生进行以爱国主义为核心的价值取向教育，以国家兴亡为己任的责任意识教育，以自强不息为品质的进取精神教育。

(4) 培养学生的生命意识。我们必须从根本上反思学校生命教育价值凸显和生命教育缺失的矛盾，用对生命的敬畏观念来定位教育目标，努力探寻生命观教育的有效途径。

(5) 培养学生的法治意识。在现代社会，进行道德建设必须要有法治建设做后盾，道德教育必须考虑法治建设的因素。在很多复杂多变的事件和行为面前，仅靠道德教育是无能为力的，必须有强有力的法律保障。因此，学校在进行道德教育和道德建设时，一定要确立道德教育和法治教育相结合的理念，也是为了更好地提高道德建设的实效性。

(三) 如何立德树人

如何落实好立德树人，将培养目标结合德育贯穿大学生培养的全过程？课堂教学是作为学校智育、德育的主渠道，广大教师应从多个方面将“立德树人”目标融入教学。

(1) 注重培养教师道德修养。西汉学者扬雄曾提出“师者，人之模范”；北宋教育家李觏曾提出“师者，虽非人君之位，必有人君之德也”；孔子也曾说过“其身正，不令而行。其身不正，虽令不从”。教师必须首先正其身，注意自身的言行举止。高校教师应以遵纪守法、爱岗敬业为现实基础，以教书育人、关爱学生为核心内容，以严谨治学、探索创新为基本要求，以服务社会、弘扬文化为时代使命，通过自身言行举止引导学生，同时精心备好每一堂课，认真上好每一堂课，做到教书与育人相结合，言传与身教相统一，以高尚的师德、严谨的治学、渊博的学识影响学生，自觉充当塑造学生品格、品行、品位的“大先生”，努力成为受学生爱戴和欢迎的好老师。

(2) 课堂教学融入“传道、授业、解惑”。“传道”是育人的核心(良心活)。教师“传道”不可空泛而传，而是要积极培育和践行社会主义核心价值观，用学识、阅历、经验点燃学生对真善美的向往，引导和帮助学生在多元价值观的判断中，树立正确的世界观、人生观、价值观。“授业”是育人的关键(力气活)。教师“授业”不可盲目而授，而是要遵循教育教学规律，尊重学生主体地位，以学生的兴趣爱好、成长需求为导向，借助先进技术手段和时代元素传播现代文化，运用贴近学生的话语启蒙先进思想，提高育人质量。“解惑”是育人的重点(功夫活)。教师“解惑”不可草率而解，而是要设身处地地为学生着想，与学生平等沟通交流，深入细致地做好教育引导工作，把解决思想问题和解决实际问题结合起来，把教育学生与服务学生结合起来，帮助学生处理好学习成才、择业交友、生活等方面的实际问题。

(3) 课堂内容应融入“以德育人”的思维和理念。教师应结合课堂授课内容，融入社会主义核心价值观，选取科技进步带来的跟课程相关的新突破、新进展、新成果，作为课堂教学案例或讨论话题，使学生，形成民族自豪感和自信心。教师通过课堂讲授、实践示范、案例分析、项目引导等各种教学行为，贯彻以德育人的思维方式和理念，争取让每个学生通过讨论互动和主动学习参与到整个课堂的教学中，让学生的个性得到发展并能体现他们的存在价值。在课堂教学过程中应充分尊重学生平等、自由、民主的权利，鼓励学生通过自主学习、自主探究去主动学习，提升学生自我认知和自我学习的能力。

四、加强创新创业

（一）何谓创新创业

党的十九大报告指出，创新是引领发展的第一动力，鼓励创业带动就业。2015 年 5 月 13 日，《国务院办公厅关于深化高等学校创新创业教育改革的实施意见》（国办发〔2015〕36 号）要求高校全面重视创新创业教育，在 2017 年建成科学先进、有中国特色的创新创业教育模式。高校创新创业教育是新世纪教育革新的重点，其最终目的是要增强大学生创新意识、创业能力，成长为创新型人才。《辞海》中对“创业”的解释是“创业，创立基业”，意思是说人类的创业活动是具有开拓、创新精神的，同时能够为社会的发展带来积极的影响。《现代汉语词典》中对“创新”一词的解释是“抛开旧的，创造新的”，和“指创造性，新意”的含义相近。现在“创新创业”专指基于技术创新、产品创新、品牌创新、服务创新、商业模式创新、管理创新、组织创新、市场创新、渠道创新等方面的某一点或几点创新而进行的创业活动。创新是创新创业的特质，创业是创新创业的目标。

（二）培养创新创业意识

孔子曰：学而不思则罔，思而不学则殆。思能深化，思能超越，思能创造。批判性思维是高阶思维的核心。思考是创新的关键。只有独立思考，才能融会贯通，才能由多而少、由博而一；只有独立思考，才可解放思想，向传统挑战，才能不安所学，才能有创新、有发展。爱因斯坦曾言，学习知识要善于思考、思考、再思考，他就是靠这个方法成为科学家的。思考从质疑开始，经过疑惑或质疑后，才可达到深信无疑；经过疑惑或质疑后，才可以达到深刻理解。高等学校是培养人才的摇篮，更要求培养出具有创新创业能力的人才。高校大学生对于新事物接受快、理解快，教师应立足自己的岗位，以创新创业教育为契机，深化专业教学改革，从教学内容、教学方法和教学设计上引入各类思考性问题，融入创新创业元素。

(1) 在教学内容上，不仅就知识本身进行传授，还应该从创新创业教育理念的视角讲解学科的发展，主动从所授课程中探索挖掘创新创业教育元素，在课堂上传授大学生创新的一般规律，让他们了解掌握申请专利的基本要求与流程，了解知识产权保护等基本法律常识；内容中引入本学科最前沿和最新的发展动态，加大科研创新意识的引导，激发学生的求知欲和学习热情。

(2) 在教学方法上，教师应根据课程内容需要，增加更多机会让学生亲身体验、感悟创新意识。在应用讲授教学方式的基础上，适当加入一定比例的其他教学手段，譬如头脑风暴、团队合作、无领导小组、情景模拟等。教师在进行知识讲授的同时，要注重利用分组讨论、案例分析、预设问题等方法进行互动式教学，充分激发学生的学习热情和兴趣，引导学生团队合作意识的养成，提升学生的问题解决及组织领导能力。

(3) 在教学策略上，积极探索以项目为载体的教育理念和方法，通过项目教学法，训练学生的计划、执行、决策、总结等综合能力以及发现问题、解决问题的能力，同时，培养学生的团队精神和沟通能力。另外，还可以应用现代信息技术，如QQ聊天工具、微博、微信、电子邮件、论坛等，提供课外咨询服务和答疑解惑，提升教师对学生指导的时效性和与学生交流的便利性，保护和鼓励学生的创新创业热情。

五、融入寓教于乐

（一）何谓寓教于乐

寓教于乐是把宣传和思想教育的内容渗透到活动之中，是开展宣传工作和思想政治工作的一种方法。

“寓”是对文艺的特点与社会功能之间关系所进行的概括性描述，强调文艺的认识作用和教育作用必须通过艺术的审美方式，即美的形象来达到。古罗马诗人贺拉斯提出“一首诗仅仅具有美是不够的，还必须有魅力”，这样才能发挥艺术的教化作用。“教”，既指社会道德教育，又指文化开发，诗的“教”的功效是崇尚美德、简朴、正义、秩序和法律，应促使人接受文明。“教”是目的，教必须通过乐的手段才能实现。欣赏者总是在审美体验和审美感受中得到陶冶与教化。“寓教于乐”的含义同时也揭示了艺术的本质特征：艺术中所包含的普遍性的真、善、美必须通过明晰的个性化，转化为个体感性可以直接接受的形式，艺术作品必须是形式与内容的美的融合与统一。

在教学中要融入寓教于乐，首先就是在教学中融入一种教学理念，即融入一定的娱乐成分，使学生在娱乐活动中学、思、得，激发学生作为学习主体的内源性动机。其次寓教于乐倡导的是体验式学习。教学过程设计一定的娱乐活动或体验式活动，可以促进学生“手脑并用”“在劳力上劳心”。学生可以在教学过程中学习与欣赏、理解与探究、迁移与拓展、明法与悟理、正本与养性。例如，可以通过学生喜爱的摄影、书法、文学创作、电影欣赏、热点辩论等兴趣活动，利用讨论、交流、模仿等形式，促进学生的认知。

（二）教学融入寓教于乐

大学课堂如果仍然按照中学循序渐进的原则进行“填鸭式”教学，就会遏制学生的“觅食”能力。大学课堂教学应该是“间断性”和“阶跃式”的，要让学生学会自己修补一个个“间断点”，跨上一个个“台阶”。同时，可以在教学过程中灵活融入成果导向教育（OBE）的要求，至少要实现以下五个转变：从灌输课堂向对话课堂转变，从封闭课堂向开放课堂转变，从知识课堂向能力课堂转变，从重学轻思向学思结合转变，从重教轻学向教主于学转变。

要想在教学中寓教于乐得“随心所欲”，需要很强的教育能力。首先，是设计和组织的能力。教师要了解学生关心什么、想做什么，这样可以设计和准备与之相关的教学活动，并且要把知识能力和情感渗透其中，让学生玩得有趣、有议、有思、有得。其次，是把握教学目标。教学目标是课堂教学的出发点和落脚点，就是指引学生娱乐到哪里去。这就需要教师在组织学生做的过程中，时时关注课堂是否在往预定的教学方向发展，如果出现偏离，要及时调整，把娱乐引向正途。而这种能力就体现在对学生思维“收放自如”，对设计的方向和结果有所预设。这需要在教学实践中积累和发展，也是教师自我教学能力的提升和升华。

寓教于乐的教学理念，即营造民主、和谐的教学氛围，促进学生积极主动、畅所欲言、思维活跃，在“玩”的氛围中落实知识和能力，孕育情感态度和价值观。寓教于乐的课堂应该是对话的课堂，即要达到知识的对话、思维的对话和情感的对话。知识的对话需要将单向灌输转变为多向交流,使知识在师生、生生之间传递、交流与互动;思维的对话需要将“句号”课堂转变为“问号”课堂,老师要善于引导学生形成“问号”,学生要善于为自己的“问号”画上“句号”;情感的对话需要将知识课堂转化为情感课堂,只有倾注了感情,才能使学生感受知识的生命、领悟知识的美,激发学生的学习热情。

第二章 职业素养

素养是指一个人的修养，包括思想政治素养、文化素养、业务素养、身心素养等多个方面。教师的基本素养主要包括职业道德素养、知识素养、能力素养、职业心理健康四大部分。高校承载着育人为本、改革创新、促进公平、提高质量的使命，作为完成这一使命的主体，高校教师自身所具备的素养在高等教育教学中体现得尤为重要。本章主要从教师职业道德、教师业务素养、教师礼仪、教师语言和教师心理健康几个方面阐述如何提高高校教师职业素养。

第一节 教师职业道德

一、含义

教师职业道德，也称教师道德，简称师德，是职业道德的重要组成部分，是道德在教师职业生活中的具体运用。教师道德在教育实践活动中产生、发展，去糟粕、取精华，逐渐积淀为中华民族的优秀传统美德，并成为社会主义师德的重要内容。中华民族传统师德的核心内容可归纳为以下四点：热爱教育，甘于奉献；热爱学生，有教无类；以身作则，为人师表；学而不厌，诲人不倦。高校教师的职业道德是指高校教师在从事教学、科研、社会服务等职业活动的过程中所形成和遵循的，与高校教师的职业特点相适应的各种道德规范以及由此产生的道德观念、道德情感和道德品质的总和，它在道义上规定了高校教师在从事其职业活动的过程中所应承担的责任、义务与使命。

二、特点

《中华人民共和国教师法》（以下简称《教师法》）明确规定：教师是履行教育教学职责的专业人员，肩负着教书育人，培养社会主义事业的建设者和接班人，提高民族素质的使命。《教师法》的颁布，凸显了教师职业劳动的专业性和特殊性，而高校教师的职业特点决定了高校教师在职业道德方面的特殊性，这与社会其他职业不同。高校教师职业道德的特点主要体现在以下几个方面。

（一）复杂的内容构成

高校教师不仅承担着教书育人、为社会培养德才兼备人才的工作，还承担着发现知识、分析知识、综合知识、应用知识、传播知识、创造知识、转化知识的科学研究任务。高校教师在承担多项任务、扮演多重角色的同时，在职业道德的要求上也会表现出差异性，这些就导致了其内容的复杂性。

（二）对学生的示范性

高校教师面向的是有个性、有思想、有态度、有感情的大学生群体，同时肩负着培养他们的神圣使命。高校教师在教育教学中不仅要传播知识，更要启迪人生、塑造人格，对学生的品德的影响十分深远。学生在专业学习和日常生活中会“见贤思齐”，学习教师身上优秀的品质，而教师也更应为人师表，通过教学和言传身教来体现榜样的作用和精神的力量。

（三）深远的社会影响

高校教师通常都是各学科领域的专家学者，作为知识分子的典型代表，通过教学与科研直接或间接地作用于学生、家长、家庭和社会，并渗透到社会的方方面面，对社会产生广泛、深刻而长远的影响。

三、高校教师提升职业道德修养的途径

高校教师职业道德修养对高校学生和整个社会的影响越来越大，因此提升高校教师职业道德修养势在必行。

（一）加强自我教育与学习，提高职业道德修养认识

苏联著名教育家苏霍姆林斯基说过：“没有自我教育就没有真正的教育。”对于广大高校教师来说，想要提升自身职业道德修养水平，前提条件就是做好自我思想政治教育工作，不断接受和学习先进的理论知识，用新的理论知识武装自己，用先进的思想充实自己，对职业道德修养有最基本的理论认识。习近平高度凝练并明确提出了新时代高校教师师德的基本要求。2014 年，习近平提出“四有”好教师的标准，即做好老师，要有理想信念、要有道德情操、要有扎实学识、要有仁爱之心。2016 年 9 月，在第三十二个教师节前夕，习近平强调广大教师要做学生锤炼品格的引路人，做学生学习知识的引路人，做学生创新思维的引路人，做学生奉献祖国的引路人。2016 年 12 月，习近平在全国高校思想政治工作会议上强调，加强师德师风建设要坚持“四个统一”，即坚持教书和育人相统一，坚持言传和身教相统一，坚持潜心问道和关注社会相统一，坚持学术自由和学术规范相统一，引导广大教师以德立身、以德立学、以德施教。高校教师在日常的科研工作、教学活动和生活中应及时深入地学习马克思主义理论，学习党和国家对高校教师职业道德修养的有关政策、法律、法规等，同时也应对学校所要求的具体的职业道德规范进行积极的学习和思考。高校教师在日常生活中应多与同事交流学习心得，积极地对照优秀教师检查并改正自己的缺点，发现并发扬自己的优点，取长补短，相互学习，与时俱进，不断地提高职业道德修养认识，并将其内化为自己有意识的行为准则，贯彻融入日常生活和教育教学之中。

（二）参与社会生活实践，培养良好的职业道德修养

实践是检验真理的唯一标准。高校教师的职业道德修养不应仅仅在思考、自我教育、理

论学习和研究中培养，更应在各种社会实践活动和教育教学实践环境中培养。参与社会生活实践是高校教师培养良好职业道德修养的重要途径，也是检验自我教育和理论学习的试金石，更是检验师德修养高低的标准。高校教师应将口头、脑海和书本中的理论教育转化为实际生活的场景，从自身出发，切实体会教师工作的特殊性，了解教师工作的重要意义和价值，了解师生之间的教学事实，了解人与人之间的道德关系，了解社会生活中的各种事件和问题。同时，高校教师也应在实际生活中不断积累和体验道德情感，锤炼道德意志，逐步升华自己的思想和境界，将教书育人视为人生的崇高理想和不懈奋斗追求的目标，提升职业道德修养境界。培养良好的职业道德修养，要求高校教师不断地把对师德的认识觉悟付诸社会生活实践中，在实践中对自身的行动进行反省和认识，从社会生活出发，在社会生活中进行培养，回应社会生活，回到社会生活，引导社会生活。例如，在科研工作中，应注重整个团队之间的合作，努力钻研，提升自我和团队的科研水平与科研能力，同时也应注重对学生科研能力和探索精神的培养；在教育教学过程中，课前应认真备课，课堂上多与学生进行积极的互动，深入了解学生的学习状况和学习诉求，将自己的所学所思所感所得更好地传授给学生；在课后，多组织学生参与社会实践活动，以身作则，身为示范，树立良好的榜样，培养学生的实践能力和社会责任感。高校教师在日常的教育教学实践和生活实践中，要自觉地将职业道德转化为实践，在实践中不断反思和提升，让培养良好的职业道德修养成为有源之水、有本之木。

（三）要做好自我反省，加强“慎独”

职业道德修养不论是认识方面还是实践方面，都需要积极开展更为主观的思想活动，做好自我反省。内省就是努力做到“吾日三省吾身：为人谋而不忠乎？与朋友交而不信乎？传不习乎”，对高校教师尤其重要。通过反省自己行为，改善自己的言行举止，更好地做到言传身教。首先，针对教育教学工作，教师需要每天展开全面的思想检查，探究各项行为是否与道德相悖，并对教学活动与教学成果进行总结分析，然后在后续教学过程中进行完善，旨在提升职业道德修养。其次，做好内省之后要慎独，“慎独”要求一个人的时候，也要做到如“十目所视，十手所指”，不会因为没有人知道、没有人看见而放松对自己的要求。高校教师时时处处都应表里如一，杜绝人前人后的两面派作风，这是加强职业道德修养的关键一步。慎独是基于自我反省，全面掌握自身思想与行动上存在的问题，这样能够实现自我约束与自我规范。教师的个人文化素质及专业素养对学生都会产生潜移默化影响，因此当前高校教师应学会自我反思与分析，在认识自我基础上探查不足，积极更新与学习，逐渐发展成为满足社会发展与学生发展的优秀教师。

第二节　教师业务素养

高等教育与基础教育的主要区别在于高等教育的职责是培养高级专门技术人才。这里的专门技术人才是相对专业知识而言的，而这种专业知识除了学生自身努力学习以外，主要是从相关教师那里获得的。因此，高校教师必须具备过硬的专业知识、先进的教育理念，同时还应具备处理大量信息并传达信息的能力。

一、教师业务素养的内容

(一) 知识素养

所谓知识素养是教师在长期的生活实践和工作实践中的知识积累在自身的内化。高校教师无疑需要具有丰富的科学文化知识。高校教师在所教的学科上要基础扎实、学业专精。但仅有专业知识是不够的,因为教师的本职工作是教学、是育人,教育有教育的规律和知识体系,教学也有教学的规律和知识体系,如心理学、哲学、逻辑学对于认识和掌握教育教学规律是必不可少的。另外,高校教师以自己的言行影响着当代大学生,他们的文化品位时时刻刻对大学生起着潜移默化的作用。因而,文学、历史、艺术、美学等方面的一般性知识也应有所修读。由此可知,高校教师的知识结构大致可分为三大部分:一是学科知识部分,二是教育教学知识部分,三是人文社会科学知识部分,这三者的有机结合才能丰润教师的知识素养,缺一不可。

深厚广博的学识是人文型教师的内在基础。历史能使人聪慧,诗歌能使人灵秀,数学能使人精细,自然科学能使人深沉,伦理学能使人庄重,逻辑学和修辞学能使人善辩,正所谓腹有诗书气自华。作为教师要学会学习和读书,在博览群书中思考、积累,丰富自己的知识和思想,拓宽文化视野,提高思想高度,加强思维的深度和广度。教师尤其要阅读经典,与人类的思想家、教育家对话,学习他们的研究成果,提高自身文化素养,尤其要提高人文素养,并在此基础上培养科学精神,这是教师的教育思想和智慧形成、发展的基础,也是教师成长的必备条件。

(二) 教学素养

一是对教学规律与原则的认识。教学论是教育科学的二级学科,它是从教学实践经验中提炼出而又用于指导教学实践的科学理论,它要求教师理解、熟悉并反复领会教学规律与原则,在教学实践中自觉遵循教学规律与原则,使教学工作在科学理论的指导下取得尽可能好的教学效果。

二是对教学方法的研习。教学工作是一项实践性较强的工作,同一课程的教学方法多种多样,为了取得更好的教学效果,教师需要不断地研究和学习各种教学实践方法并在教学中进行反复尝试和比较,以促进教学水平的提高。

三是对教学实践的总结与提炼。高校教师的教学工作通常都有学年周期性。教学经验丰富的教师通常都善于在周而复始的教学实践中,不断总结课程教学中各环节的得与失,并自觉地同教学理论和新的教学方法联系起来,以不断更新教学设计,指导下一个周期的教学工作。勤于并善于对自己的教学实践进行总结和提炼常常是丰富自己的教学素养的有效途径。

“授人以鱼不如授人以渔”,这就要求教师不仅要掌握课程内容内容,还要对整个课程知识的系统体系有一个清晰认知,这对教师的文化掌握能力和教学水平提出了更高的要求。教师给予学生的知识量越多、范围越广,越能帮助学生开拓视野、打开思路,让学生更好地去了解知识的力量,满足学生的求知欲望。传播文化、讲授知识的主要途径是课堂教学,设计好每一堂课,衔接好每一个教学环节,是教师承担授课任务的基本工作,也是教师的基本职责所在。尤其是信息化快速发展的今天,教师要与时俱进掌握必要的现代化教育技术手段,不断汲取新的知识,有针对性地进行适当的培训,学习先进的教学理念,吸收先进的教学经验，完善自己的教学手段，了解教育教学改革信息和动向从而提高自身的教学水平，这是高校教师带动教学质量提升的有效途径。

（三）学术素养

学术素养是指勤于学术研究的习惯和善于捕捉有价值的学术问题进行有创见性的研究的学术研究意识。学术研究与教学效果往往互相作用与影响。专业教学中的一些问题常常能启发和促进教师的学术研究，而专业上的学术研究越深，教学效果就越好。更重要的一点是，学术造诣较深的教师，通常给学生潜移默化的影响，让学生肃然起敬。因此，高校教师一定要养成孜孜不倦地进行学术研究的习惯和不屈不挠地追求学术真理的精神。

高校是培养具有创新精神和创造能力人才的基地，在学科建设中，高校教师要在专业态度、专业意识、专业知识和科研能力四个方面下功夫，积极参与专业建设，加强科研力度，创新科研成果，带动专业整合能力的提升。教师在职业发展中，要把学术素养转化为推进教育教学改革的主要推动力，任何学科都脱离不了科研与专业的共同发展。在科学研究和业务提升的道路上，教师要有坚韧不拔、锲而不舍的科学精神，要努力地追求较高的学术水平和科研能力，不怕提出问题，不怕质疑，并且在研究及教学的过程中，大胆地提出新的理论、新的方法，增大信息量，提高学生知识水平，同时培养学生的创新精神和探索精神，体现专业定位，明确专业方向，凝练专业特色，突出科学品质。

二、教师业务素养提升的策略

（一）加强自我学习

2014 年 9 月 10 日，习近平在同北京师范大学师生代表座谈时的讲话中指出：要给学生一碗水，教师要有一桶水。当今时代是一个知识大爆炸的时代，知识更新快、获取渠道多，不仅为学习创造了新的环境，也向教师提出了新的要求。高校教师必须不断探索新知，紧跟学科前沿课题，把握时代发展脉搏，积极参与专题教研活动，共同分享授课经验；主动观摩先进教师授课，做好记录，课后相互交流并提出建设性意见。积极参与教师技能大赛，这是一个相互交流共同进步的舞台，能汇集各个学科、各个领域、各个年龄段的教师，大家凭着自己丰富的教学经验，面对各种突发状况的考验，互相学习互相切磋，并顺应时代的发展，随时调整更新授课形式，探索先进的教学方法和课程模式。如微课或者大型开放式网络课堂（Massive Open Online Courses，简称 MOOC），这是当前最新的在线学习形式，学生可以足不出户听遍名校人气课程。因此，要成为一名优秀教师，需不断提高专业知识的深度，扩展知识的广度，积累丰富的文化知识。

（二）坚持不断创新

高校教师要注重教育智慧的培养。所谓教育智慧，是良好教育的一种内在品质，表现为教育的一种自由、和谐、开放和创造的状态，表现为真正意义上尊重生命、关注个性、崇尚智慧、追求人生幸福的教育境界，在教育教学实践中主要表现为教师对教育教学工作的规律性把握、创造性驾驭以及深刻洞悉、敏锐反应与灵活机智应对的综合能力。教育智慧的养成需要一定的历史过程，是在教书育人和不断学习过程中孕育在精神修养中的一种教育艺术与教育创新。高校教师要想拥有高超的教育智慧，就必须坚持不断学习、不断反思、不断总结，并在其中善于思索、勇于发现、敢于创新。高校教师要以培养自己的教育智慧为基础，以坚持创新研究为动力，努力践行创新理念，把学习研究和创新教育有机结合起来。这样不仅可以促进日常教育教学顺利开展,也可以推动教育智慧不断提升;不仅可以提高人才培养质量,也可以推动高等教育健康发展。继承与创新合一,必定迸发出不一样的色彩。

(三)做到教研合一

高校教师应当协调好专业科研与教育科研的关系,提升学术造诣,增强科研能力,从专业的视角,用科学知识、方法与思想去丰富和拓展教学内涵,同时,也需要通过短期进修学习、在职学历学位提升、做好国内访问学者来充实自己的理论知识,通过到企事业单位指导实践,到一线岗位观摩学习,到基层组织挂职锻炼等形式丰富自己的实践专业技能。科研是改善陈旧知识结构、掌握前沿知识的重要手段,也是最重要的终身学习方式。高校教师只有不断加强理论学习,增强实践技能,提高科研水平,才能把自身不断积累与优化升级的科学文化知识传授给广大学生。

那么如何做到研教合一呢?通常有两种方式:一是问题探索式,发现教学的问题,学习科研成果;提出解决问题的对策,探索实践;对照科研成果总结提高,发现新问题,不断实践,不断总结。二是行动研究式,剖析科研成果,形成新的教学观念,发现科研中的问题或理论与教学实践的矛盾之处;根据科研成果制定解决方案,探索实践,对照科研成果,总结提高。

不管使用的是哪种研究和总结的方式,高校教师都要铭记当下不仅要出更好更多的创新科研成果,还要将科研成果整合到教学实践中。

第三节 教师礼仪

一、教师礼仪的含义

教师礼仪,指教师在从事教育、教务活动和履行职务时,遵循教师职业道德,以美的形象、美的行为去感染、培养教育对象的基本行为规范。文质彬彬就是对教师礼仪形象的具体描述。孔子曰:"质胜文则野,文胜质则史,文质彬彬,然后君子。"孔子认为,质朴多于文采,就显得粗野。文采多于质朴,就显得做作。只有质朴与文采配合适当,相得益彰,才是君子。文采斐然,翩翩君子,是礼仪要求教师塑造的形象。高校教师礼仪的根本含义是为人师表,以身作则,为学生、为社会树立榜样。

(1)教师在教育学生时要做到身体力行、率先垂范。学高为师,身正为范,就是强调教师的榜样意义。教师要言而有信,尊重学生。教师如果能够说到做到,会得到学生的尊敬,对学生产生积极的引导作用。

(2)教师应该讲究仪表美、语言美、风度美,提高个人的外在美与内在美的统一。仪表美,指个人的自然外表和修饰外表美的综合,主要通过教师的发型发式、容貌、体形体魄、化妆和服饰等方面体现。语言美,指人在人际交往中的言辞的美,社会美之一,是心灵美在言语上的表现,包括交谈的内容和方式等,要求语言准确、鲜明、生动、和气、文雅、谦逊、有礼貌。风度美是指人的美好的言谈举止和仪态。风度是人格魅力的辐射,内在气质的焕发,是一种可体会而难以言传的综合品格的体现,集精神境界、道德风范、文化素养、才情趣味于一体,是一个人内慧外秀的统一。

二、教师礼仪的特点

（一）教师礼仪有鲜明的强制性

教师良好的礼仪素质通过更多的自我克制、自我牺牲获得，不能随心所欲。同时，教师的礼仪素养也使得教师更有魅力、更有力量，能够带来更大的收获。

（二）教师礼仪有强烈的形象性

教师礼仪代表职业形象、学校的整体形象、教师队伍的整体形象，因而是否遵守教师礼仪不再是个人行为，而是集体行为。违反教师礼仪会带来严重的后果，甚至对学生造成极大伤害和终生的影响。所以学校无小事，事事皆育人；教师无小节，处处是楷模。

（三）教师礼仪的综合体现

教师礼仪贯穿于教师的教学活动，体现在校园活动的许多方面以及社会人际交往方面。教师职业集真、善、美于一身，完美地体现了求真——热爱科学，坚持真理；求善——爱护学生，无私奉献；求美——风度优雅，为人师表。

三、高校教师礼仪的养成

马克思指出，人不仅像在意识中那样理智地复现自己，人也是按照美的规律来建造。教师礼仪养成就是要注意从仪容举止、服饰穿戴、表情谈吐等做起，讲究美的仪表、美的仪态、美的语言。正如《礼记·冠义》所云：礼义之始，在于正容体，齐颜色，顺辞令。容体正，颜色齐，辞令顺，而后礼义备。

（一）教师的仪容

仪容，通常是指人的外观、容貌。礼仪对个人仪容的要求是仪容美，它包括三个层次的含义。一是要求仪容自然美，指人的容貌、形体、体态等的协调优美，如五官端正秀丽，身体各部位比例协调，体格健美匀称，这些先天的仪容相貌是仪容美的基本条件。二是要求仪容修饰美，指经过必要的修饰打扮及后天环境的影响塑造的美。三是要求仪容内在美，指通过努力学习，不断提高个人文化艺术素养和思想道德修养，是一种美好的心灵和高雅的气质的外在体现。

仪容美应当是自然美、修饰美和内在美三个方面的和谐统一，也是人们通常所说的内在美和外在美的统一。评价一个人关键是看其内在，而不是外表。正如培根所言：把美的形象与美的德行结合起来吧，只有这样，美才会放射出真正的光辉。

教师仪容的修饰美是一个不容忽视的问题。教师几乎每天都要和学生、同事打交道，社会交往活动较多，应当注意修饰仪容。修饰仪容包括头发、面容、肢体及化妆等，基本要求是美观、整洁、卫生、得体。这既是对学生、对同事和对社会的尊重，又是对自我形象的良好塑造，有利于提高教师的威信，使学生“亲其师”“信其道”。

(1) 头发。头部是一个人身上最引人注目的部位，是被关注的重点。因此，修饰仪容“从头（发）做起”。作为教师，应当像重视自己的服饰一样，对自己的头发给予重视。头发一定要洗干净、理好、梳齐。所谓干净，即要养成定期洗头的好习惯，使之无异味、无异物。一般而言，体育教师爱出汗，上班前要检查自己头发有无异味。爱掉头发、头屑过多的教师，上班前都要对自己的头发进行精心的检查与梳理，并把头顶、肩背、眼镜上散落的头发、头屑认真地清理干净。

男教师一般以短发为主，前发不覆额，侧发不掩双耳，后发不及衣领，不留大鬓角，不宜剃光头，不准剃“阴阳头”。女教师以长发为主，长度应与身高成正比，与年龄相适应，但不宜长过肩部，不宜梳过分夸张的发型。不论男性还是女性，作为教师留什么发型，应考虑自己的年龄、身份与脸型，总的原则是教师应选择朴素端庄的发式，以示教师的庄重典雅，在此前提下男性应体现阳刚之美，女性应体现阴柔之美。

(2) 面容。一个人的仪容，最主要的是包括五官在内的整个面部，是人的仪表之首，也是人际交往中为他人所关注的重点。教师特殊的职业特点决定教师要养成良好的卫生习惯，应时刻保持面部干净清爽。

除早上起床后、晚上就寝前要洗脸外，午休之后、劳动之后或者外出、运动出汗之后，也要洗脸。戴眼镜的教师应注意保持眼镜的清洁，经常擦拭和清洗，教室等正式场合不应戴墨镜出入。体育教师在室外上课时忌戴墨镜。上课之前、重要活动之前忌食烟、酒、葱、蒜、韭菜、萝卜、腐乳等刺鼻气味的东西。必要时可含茶叶、口香糖以除味。在工作、社交场合，应当避免出现嘴、鼻及其他部位发出不雅之声。男教师最好坚持每天剃须，不要蓄须。

(3) 肢体。肢体分上肢和下肢。上肢包括手掌、臂膀，下肢包括腿和脚。手被称为人的第二张脸，充当着友谊的使者，扮演着自我介绍的角色。手是接触人和物体最多的地方，干净是对它的基本要求。教师要自觉地经常洗手；保持手的卫生，做实验时要戴上专用手套。在学术活动等较为正式的场合，手臂尤其是肩部，不应当裸露在衣服之外，即不宜着半袖装或无袖装。

(4) 化妆。化妆有一定的艺术性和技巧性，是生活的一门艺术，教师应留心学习和运用，适度而得体地化妆，体现教师职业庄重、大方的独特气质，以达到振奋精神、尊重学生的目的。

化妆是指采用美容化妆品按一定技法，修饰自己的仪容、美化自我形象的行为。适度的化妆，是自尊与尊人的表现。素面朝天已不是当今大学教师的选择，调查显示，学生喜欢老师打扮得时尚而不失庄重。教师的化妆还应与自己的身份、精神面貌相协调，一要美观，二要自然大方。这样有助于塑造和维护良好的个人形象、单位形象。在工作岗位上男教师是否化妆自己决定。女教师应当化淡妆。淡妆的主要特征是简约、清丽、素雅，它既给人以深刻的印象，又不显得脂粉气十足，清淡而又传神。

(二) 教师的仪态

仪态是泛指人们身体所呈现出的各种姿势，也称仪姿、姿态，它包括举止动作、神态表情和相对静止的体态。不同的仪态，显示人们不同的精神状态和文化教养，传递不同的信息，因此，仪态又被称为仪态语。美国心理学家艾伯特·赫拉别恩(Albert Mehrabian)对语言行为传递信息的效果进行分析，得出的结论是：信息传递的总效果＝7％的文字＋38％的有声语言＋55％的态势语言。可见，态势语言在课堂讲授中发挥着重要作用。教师在教学中，除了用语言向学生传授知识、表达思想感情以外，还要用正确、优美的态势语言表情达意，让学生感到真实、美好和生动，以增强教学效果。

(1) 站姿。站姿又称立姿、站相，是人在站立时所呈现的一种静态的造型。“站有站相”是对一个人礼仪修养的基本要求，良好的站姿能衬托出美好的气质和风度。教师的站姿应向人展示挺拔笔直、舒展大方、精力充沛、积极向上的形象。

站姿的规范要求可概括为：上体正直，头正目平，挺胸收腹，双臂下垂，立腰收臀，嘴唇微闭，表情自然。具体说，人的站立姿势从正面看，身子应当正直，头、颈、身躯和双腿与地面垂直，双肩相平放松，两臂和手在身体两侧自然下垂，手指自然弯曲，掌心向内轻触裤缝，或将右手搭在左手上，贴放在腹部。双眸平视前方，精神饱满，面带微笑，胸部稍挺，小腹内收，身体重心置于双脚的后部，站姿应显得庄重、平稳、自信而有力度。由于性别的差异，男女的站姿要求也不尽相同。对男性的要求是稳健，所谓“站如松”，显示刚强、英武、潇洒的风采；对女性的要求是柔美，所谓“亭亭玉立”，以体现轻盈、典雅的韵味。

教师的站功是必备的。教师在讲台上的站姿应在稳重之中还要显示活力，不要拘谨和呆板。教师讲课时，一般站在教室的前中央，即讲桌与黑板之间。这样做既有利于大多数学生直视教师保护视力，又利于教师板书，浏览教案。如果站立时间较长，可以将左脚或右脚交替后撤一步，身体的重心落在另一只脚上，但身体仍须保持挺直，伸出的脚不可太远，双腿不可叉开过大，变换不宜过于频繁。教师随时根据讲课内容和课堂情景的变化调整站姿，适当走动，并运用恰到好处的动作和站姿来配合语言的表达。忌侧身和面向黑板而站；忌俯身双手撑在讲桌上；忌远离讲桌，站在讲台的前左角或前右角来回移动；忌双手交叉抱在胸前，或放在裤袋里，或背在身后。近年来，随着多媒体的使用，部分教师过分依赖教学课件，为了操作方便，几乎整节课身子都是坐在操作台后讲课，眼睛要么盯着电脑，要么扫一下投影幕布，既不和学生目光交流，更谈不上用站姿来配合语言表达，这种状况应予改变。

（2）坐姿。坐姿也是一种静态的身体造型。教师端庄的坐姿不仅给人以文雅、稳重、大方的美感，而且也是展现教师气质和风度的重要形式。坐姿的基本要求是大方、得体。正确的坐姿，要兼顾角度、深浅、舒展三个方面。角度，即坐定后上身与大腿、大腿与小腿所形成的角度。角度有大小之分，坐姿因此不同。深浅，即坐下臀部与座位接触面积的多少，有深坐浅坐之别。舒展，即入座后手、腿、脚的舒张程度。正确的坐姿是上半身挺直，两肩要放松，下巴向内收，脖子挺直，胸部挺起，并使背部和臀部成一直角，双膝并拢，双手自然地放在双膝上，或放在椅子扶手上。谈话时，可以侧坐，此时上体与腿同时转向一侧，要把双膝靠拢，脚跟靠紧。

（三）教师的服饰

孔子有言：见人不可以不饰，不饰无貌，无貌不敬，不敬无礼，无礼不立。所谓“饰”，指的就是服饰。教师的服饰，包括服装、围巾、帽子、鞋子、袜子及胸饰、首饰等装饰物，不仅有重要的修饰作用，对学生也起着潜移默化的榜样和示范作用。虽说“穿衣戴帽，各有所好”，但教师的穿着打扮体现了教师的内在素质和修养，教师的服饰是无言的课本，不可掉以轻心，随随便便，应美观大方，有时代感，受学生欢迎，符合教师身份。

（1）教师服饰的要求

教师着装要求总的来说，应力求整洁、文雅、端庄、大方。教师着装要“六忌”，忌脏、忌露、忌透、忌短、忌紧、忌异等。

忌脏，即忌懒于换洗衣服而使衣服皱皱巴巴；忌露，即不宜身穿露胸、露肩、露背、露腰以及暴露大腿的服装；忌透，即外穿的衣服不能过于单薄透明，不外穿吊带衫；忌短，即不能穿着过于短小的服装；忌紧，即不宜穿着过紧的服装；忌异，即忌着装过分怪异、色彩过于艳丽。另外，教师不能浓妆艳抹，不佩戴夸张的耳环、项链等饰物，不能染指甲和头发。作为教书育人的教师，着装在紧跟时代的同时，也应适应其职业特点，起到教育、师表的作用。

现根据教师着装的礼仪要求，建议如下：男教师不留长发，不留胡须，不佩戴项链、手链、戒指，在教学区不穿背心、短裤、拖鞋，服装整洁大方即可。女教师不染彩发（切不可染太过夸张的彩发如明黄色、红色等，而接近头发本色的褐色、栗色等较容易被接受）；发型力求简洁、明朗，不夸张；盘发位置忌过高，过高容易让学生产生距离感；上班时可化淡妆，忌浓妆艳抹，口红颜色的选择尤其应以接近唇色为主，忌油彩太重；尽可能少佩戴首饰，尤其是外表过于夸张的项链、手镯、手链、耳环等；上班时间一律不得穿吊带装、细带裙、低胸、露背装、露脐装、无袖装、超短裙及短裤（裙长以不短于膝盖以上 5 厘米为限，裤长以不短于膝盖以上 10 厘米为限），不穿过透的服装，不穿过高细跟鞋、拖鞋，不留不涂长指甲。女教师着装款式简约、庄重、典雅。女教师的服饰色彩应该是明快的、温暖的。体育教师不得穿裙子、皮鞋，必须着运动装，穿运动鞋、平跟鞋或工作鞋。

（2）教师服饰与课堂教学

西方一些学者认为，课堂上的非语言交际在学生学习中的作用通常比正规教学本身的作用更大。研究表明，教师如果学会了如何在课堂上更有效地运用非语言交际，师生之间的关系就会得到改善。不仅如此，学生的认知能力和学习效率也会提高。既然服饰语言有这么大的交际作用，那么如何着装才能更好地满足课堂教学的需要呢？相关专业人士提出了“协调自然”原则。

首先，着装要与自我协调。我们每一个人都是自然人，同时也是社会人。要想穿着得体，必须对自身特点有一个全面的了解和正确的认识。一般来说，服装整齐者办事认真；穿戴简朴者勤俭；陈旧、单调者保守；好赶时髦者缺乏自信；色彩鲜艳者活泼；全身灰暗者冷静等等。每个人的服饰应该同他的社会角色相吻合，恰如其分的穿着可以帮助他在事业上获得成功。当一个人的身份、地位改变时，服饰也应做出相应变化。

其次，着装要合乎时宜。着装要与时间、地点、场合及交际对象、交际目的相协调。时间主要包括时代和季节。穿着要展示个性，同时也需顺应时代潮流。过分强调个性，追求新奇，不顾及社会规范是不妥当的。地点、场合指穿戴要适应场所、地区的变化。对象和目的是指着装应有利于达到目的，并获取交际对象的好感。我们的领导人在参加外事活动时都是西装革履，而下基层考察时则布衣夹克，这都是为了更好地达到与交际对象相协调的目的。

再次，着装要注意色彩搭配。服饰是由色彩、款式和质地等因素构成的，色彩是构成服饰的第一要素。研究表明，人们在观察物体的时候，色彩感觉占到 80%，服饰的协调主要是色彩的协调。色彩一般被分为三大类：以蓝色为基调的称为冷色调，多表现忧郁、悲凉的情调。以红色为基调的称为暖色调，多用来表现欢快和喜庆。黑、白、灰被称为无彩色或中性色，在色彩搭配时比较随意。

总之，教师的服饰搭配要严谨、适度，以不分散学生的注意力为目的，从而通过服饰彰显个人身份、气质特点，更好地提高教学效果和教师威信。

（3）教师服饰的细节

一般来说，教师的服装应简洁而庄重，明快而得体，符合教师职业规范。教师服饰中的许多细节则影响着学生对待教师的态度。在教育场景中，教师服装中的哪些细节是必须关注的？

一是教师服装上的文字和图案信息。衣着传递的信息应该是积极的，与自己的风格相统一的。服装上的文字和图案对服装具有装饰作用。所谓文化衫，就是在服装上设计一些具有特定意义的文字或图案。一般来说,人们对服装上的汉字意义是比较注意的,但越来越多的外文词语出现在服装上,年轻教师在购买服装时要注意。

二是教师服装的款式。教师的服装应符合教师的职业角色,露脐装、性感装不适合在学校穿戴。夏天男教师不可穿西装短裤上课。

三是教师服装的结构完整。衣服的破损、纽扣的缺失、内衣外露等都是极易忽略的细节。教师在着装时,应及时更换破损衣服,检查纽扣是否完整,保证衬衣或内衣不暴露在背后开衩的外套之外。

四是服装的洁净。衣服上明显的污渍,领袖和袖口的污点和破损,都有损教师的外在形象。

五是服装的颜色。教师的服装应尽量做到颜色明快而不夸张,色彩搭配得当。与衣服相搭配的装饰品不应过多或过于复杂。

第四节　教师语言

一、教学语言

夸美纽斯认为,教学的艺术,是一种把一切事物教给一切人类的全部艺术,是一种教起来使人愉快的艺术。这是对教师教学境界的最高要求,即要求教学语言生动形象,富有启发性。教师与学生、教与学之间,信息的相互传递主要依靠语言这一中介进行的。教师讲课的语言以及在教学中指导学生学习的语言,通常称为教学语言。教学语言是教师根据教学任务、针对学习对象、使用规定教材、按照一定方法,为达到预期教学目的和效果而使用的专业语言,它是转化的书面语和优化的口头语的结合。

(一)教学语言的要求

教育家于漪认为,教师的教学语言虽属日常口语,但又不同于“大白话”,应该是加工了的口头语言,与随想随说的日常交谈有区别。教课是让学生置于优美的文化氛围、浓郁的语言环境中,受到教育和感染。因此,教学用语既要有经过人民群众锤炼的活泼的口语,又要有优美严密的书面语言。教学中,教师的每一句话、每一个词都要围绕教学目的,紧扣教材,教学语言要简洁明快、干净利落、句句连贯、层次分明,具有内在的逻辑性和高度的概括性,由此启发学生的思维活动。教学语言是教师人格魅力的体现,需要每一位教师不懈地去深入学习、体会和研究。教学语言除遵循日常谈话的礼仪要求外,还应遵循其自身的特点。

(1)规范性。教学语言的发音应是标准的普通话语音,遣词造句严谨练达,叙事述理符合逻辑、条理明晰。首先,准确是规范的第一要义。教学语言是通过准确的用词去表达概念,阐述定理公式,进行分析综合与推理判断的。其次,教学语言必须精炼,就是要言简意赅,结构严密,干净利落,恰到好处,达到“多一句嫌多,少一句嫌少”的程度。正如鲁迅所说,用最简练的语言表现最丰富的内容。

(2)科学性。不管是自然科学还是人文社会科学,都属于科学知识的范畴,教师传授给学生的应该是准确无误的科学知识。要保证这点,必须首先保证师生交流的媒介——教学语言的表达是科学性的,即知识无误、周到严密、含义准确、措辞精当、不生歧义。以科学性的语言将科学思想、人文精神、思想品德、行为习惯等教育性寓于科学性之中,才能使学生获得对客观世界和人类社会较为全面与准确的认识。

(3) 艺术性。书本知识具有间接性，如果不借助于教师生动形象的语言搭起想象的桥梁，很难理解和接受。这就要求教师善于运用语言的艺术，联系实际，恰当举例，使抽象的事物具体化，深奥的道理形象化，直观而生动地再现教材内容，让学生如闻其声、如临其境、如见其形。教学语言的艺术性还表现在简洁练达、通俗易懂等方面。作为传授知识为目的的课堂教学，教师的教学语言必须深入浅出，充分考虑学生的年龄特征，结合学科的知识特点，采取学生易于接受的语言进行教学。

(二) 教学中忌讳的语言

心理学认为，人的情感与认知过程是紧密相连的，任何认知活动都伴随着一定的情感，又都是在情感的动力影响下进行的。实践表明，教师富有情感的课堂语言，会激起学生相应的积极的情绪体验，易产生情绪共鸣，有利于创造一种生动活泼、和谐愉快的课堂气氛。相反，教师冷漠的态度，粗暴、刻薄、训斥的语言，会阻碍师生间的情感交流，增大师生间情感上的距离，使学生的大脑皮层处于抑制或半抑制状态，成为妨碍学生学习的消极因素。

(1) 忌讽刺、挖苦、嘲弄的语言。教师谈吐需文雅，切忌讽刺、挖苦、嘲弄学生，应用期待性、赞赏性语言和表情鼓励、激励学生。

(2) 忌轻蔑、鄙视、侮辱的语言。语言是有色彩的，有暖色与冷色之分。谈笑风生就是暖色，轻蔑、鄙视、侮辱的语言就是冷色。

(3) 忌重复、累赘的口头语言。课堂教学需要必要的重复，它可以帮助学生消化理解教学内容，巩固课堂知识，但过多重复，容易引起学生的反感，影响教学效果。

(4) 忌吹嘘、夸大、自我炫耀的语言。教师先于学生步入社会，如果适当地拿自己成功的经验启发学生努力学习，会取得较好的教学效果，但经常用自己的亮点来反衬学生，就会产生自我炫耀的嫌疑，让学生反感。

(5) 忌离题、闲聊的语言。上课时东拉西扯、漫无边际的内容和语言，浪费宝贵的教学时间，是教师教学不自信、不严肃、不负责任的表现。

(6) 过分夸张的体态语言。体态语言是口语的延续和补充，是辅助教学的一种手段，不能过分夸张，更不能滥用。过分夸张的体态语言会喧宾夺主，分散学生的注意力，甚至会破坏课堂教学的严肃性。

二、科学用嗓

拥有一副好嗓子，对以讲课传授文化科学知识为职业的教师来说至关重要。要想永葆嗓音青春就必须积极进行锻炼。不仅要对声音的产生有所了解，而且要掌握嗓音保健、嗓音训练的要点，包括嗓音呼吸功能、发音功能等基本知识，进行必要的嗓音训练。拥有健康的身体和心理是维护良好嗓音的基础，而精神畅快、饮食有节、劳逸结合、练嗓保嗓是嗓音卫生的核心所在。

(1) 注意发音方法。发音时尽量采用腹式呼吸，少用胸式呼吸，同时，音量宜高低适度。平时讲话声音不要过高，应保持平和心态，不要过急过快、大声喊叫。如患呼吸道疾病，一定要去医院及时治疗。

(2) 保持咽喉清洁、湿润。课前课后可多喝温开水，并经常以淡盐水漱口，也可用胖大海泡开水代茶饮，对预防咽喉炎、防止声音嘶哑有利。讲课用嗓后或激烈运动后不宜饮用冷饮。

(3) 养成良好的生活与卫生习惯。良好的生活规律,应起居有节,不开夜车,避免超负荷的脑力劳动,注意营养摄入,适当多进食一些富含蛋白质的食物,如蛋类、豆类、奶制品、鱼、瘦肉等,还应多吃新鲜蔬菜和水果。不宜滥用药物。某些药物对咽喉部有一定影响,科学合理安排休息时间,戒除烟酒,不吃过冷、过烫、过辣及过咸食物,避免咽喉受到强烈刺激。坚持体育锻炼,增强体质和提高机体抗病能力;锻炼时,要用鼻呼吸,不要张口呼吸或边锻炼边说笑,以防冷空气直接刺激咽喉。平时要注意预防感冒和咳嗽。

(4) 加强课堂教学的艺术性。不要"满堂灌",不断改进教学方法和技巧,可结合板书、提问、讨论等方式,吸引学生的学习兴趣,发挥学生的学习自觉性和积极性,这样既可保护嗓音,又利于学生接受,这是教师减少用嗓的最好办法。

(5) 保持良好的心理状态。现代医学证明,心理状态和情绪对嗓音有一定影响。因此,教师要注意加强心理保健,养成乐观豁达的性格,努力控制和调节自我情绪,避免不良情绪产生,以饱满的热情授课育人,以最佳心态施教。

第五节　教师心理健康

一、教师心理健康意义

振兴民族的希望在于教育,振兴教育的希望在于教师。教师心理健康对于教师个人、社会及教师自身职业发展都具有重要意义。教师是学校教育的关键所在,高校教师的心理健康状况直接或间接地影响着大学生及其他教师的心理与行为,对于教师个人工作的成败也有极其重要的作用。

我们应该加强对教师心理健康的重视程度。教师的心理健康是教师自身健康生活的需要。和普通人一样,教师也应注重维护和增进身体和心理两方面的健康。教师的身体和心理两者之间是相互制约,不可分割的。心理健康是人们学习、工作和生活的基本条件,与失去身体健康一样,不健康的心理会直接影响到人的各种活动的正常进行。特别是教师,他们工作的对象不是某一两个学生,而是学生群体,所以教师的心理失常,将直接影响年轻一代的健康成长。在实际教育工作中,我们常能看到由于教师的心理问题而影响教学工作的实例。

教师的心理健康是学生心理健康发展的需要。在儿童、青少年心理的健康发展和健康人格的形成中,教师的角色起着重要的作用。学生进入校园后,绝大部分时间是在学校度过的。教师不仅仅是知识的传授者,也应该是学生心理健康发展的顾问和榜样。在学生心理的健康发展中,教师健康的心理起着积极促进作用;学生的一些消极心理或心理障碍也可能与某些教师不健康心理的影响直接相关。

二、教师心理健康问题的类型

教师的心理健康问题主要表现在职业倦怠、职业适应不良、人际关系问题等方面。

(一) 职业倦怠

教育教学工作本身就是一种应激情景,教师面对的是正在成长的活生生的个体,在花费大量时间和精力钻研业务的同时，还要处理许多非教学性事务，使得教师们面临着前所未有的压力，从而导致职业倦怠。

（二）职业适应不良

职业适应不良是指教师个体与职业环境不能协调一致的一种过程和状态，它会直接影响教师个体的生存与发展。在当前情况下，教育思想和观念、教学课程和内容、教学方法和手段日益变革，高校教师无论在知识水平还是教育教学能力抑或教育教学方法等方面都存在诸多的不适应，教师的权威地位正在受到前所未有的挑战，使教师感到力不从心。学生家长对子女期望值的日益提高，高校教师来源的日趋多样化，待业教师群的初步形成等因素给教师的教育教学工作带来了很大的负面影响，而且与教师原有的传统道德观与价值观形成强烈对比，造成许多教师严重不适应外部世界的变化。

（三）人际关系问题

良好的人际关系是个体心理发展、个体保持健康和良好生活状态的重要条件之一。多数高校教师的社会交往比较少，再加上个人性格等因素，因此很容易在人际关系方面出现问题。

三、教师产生心理健康问题的原因

（一）职业因素

教师所承担的多重角色带来的心理冲突极易造成教师心理健康问题。在传统教育教学工作中，教师的角色就是传道、授业、解惑。随着教育教革的不断深入，教师承担着管理者、授课者、教育者、学习者等众多的角色，需要教师发展多种能力，如专业能力、管理能力、人际交往能力、表达能力，还有非常重要但常被人忽视的情绪调控能力、多元认知能力等；需要开展科研、教学和管理的多种发展能力培养，同时面对家庭、父母、子女等各种需要，这些共同组成了高校教师的压力源。这就需要教师不但要具有良好的思想文化与专业修养，而且还需要不断学习和深造以适应工作的需要。

（二）工作环境

工作与生活的多重压力、人际交往的高难度也使教师感到困惑。我国多数高校通常按照职称考核教师，决定晋级和奖金的发放；名目繁多的检查、评估、验收也使教师疲于奔命，很多教师都处于满负荷状态，人际关系也日渐紧张。随着用人制度的改革，教师面临聘岗的压力，焦虑、失眠等状况时有发生。

（三）个人因素

在工作和生活中，教师也免不了受到各种挫折和打击。在工作中做出了很大的努力，却没有得到理想的结果，心理落差很大；在学校的各种评比、职称评定等方面，成就需要与成功可能性的矛盾，也极易产生受挫心理；在生活中，由于婚姻、恋爱、人际关系等方面出现危机和裂痕，超出教师本人所能承受的心理压力限度，容易产生一种极度消沉、受挫情绪。

（四）社会因素

随着社会的飞速发展，社会对教师的素质提出了更高的要求，教师在工作之余，还要不断学习、不断进修；要改革教学模式，实行创新教育；要减轻学生负担又抓好教学质量，要搞好同事间的相互竞争和协作；教师聘任制的实施；所有这些都会增加教师的紧张感和焦虑感。

社会成员对教师的要求和期望过高，使教师承受着巨大的心理压力。这表现在对教师培养人才质量上的要求越来越高，社会发展过程中许多教师的压力也越来越大。

社会赞美教师的春蚕精神、蜡烛精神，强调的是奉献、责任，却忽视了教师作为一个普通人的需要与肯定。应充分认识到，教师的人格、心理健康水平甚至比他的专业知识水平更重要。只有社会善待教师，给教师创造一个良好的心理成长环境，教师才会全身心地善待学生。

（五）家庭因素

家庭生活不顺心、身体健康出现问题都有可能导致一个优秀的教师出现教育行为失常。如有些中年教师既要考虑子女问题，又要考虑自己退休后生活，存在一定的心理压力。

四、如何克服心理健康问题

（一）社会层面

政府相关部门应从政策上和经济上对教师的工作给予保障，提高高校教师的社会地位；建立教师心理健康干预机制，加强培训，在提高教师专业素质的同时注重教师心理健康教育；社会应多关注教师的常人属性，对教师多一些宽容、理解和尊重。

（二）学校层面

学校管理应以人为本，鼓励教师参与管理；完善教学工作评价体系，开展校本培训和职业指导，满足教师发展需要；设立教师心理服务机构，推行教师心理健康辅导，加强教师心理健康教育；改善教师工作环境，开展丰富多彩的活动，创造良好和谐的氛围。

（三）教师个人层面

培养良好的情绪来增进身心健康是非常重要的。首先，树立正确的人生观和教育观，热爱生活、热爱教育工作，保持稳定的、乐观的情绪；其次，正确处理人际关系，建立良好的人际关系，保持心情舒畅，有益于心理健康；最后，积极锻炼身体。身体健康是基础。一个人身体健康，往往会精力充沛、心情开朗，让情绪愉快和安定。

教师要建立自己合理有效的工作方式。教师应该明确教育工作的目的，提高工作效率。教师应该合理安排生活和工作，防止身体和脑力过度疲劳。

第三章　校本培训

2012年8月20日，国务院制定印发了《国务院关于加强教师队伍建设的意见》（国发〔2012〕41号），对如何全面加强教师队伍建设、创新教师管理体制、加强教师工作薄弱环节等关键问题提出了具体的任务、要求和措施。同年，六部委联合出台了《关于加强高等学校青年教师队伍建设的意见》（教师〔2012〕10号）等文件，对高校教师队伍建设任务和目标做出明确要求。《教育部关于全面提高高等教育质量的若干意见》（教高〔2012〕4号）中提出，把本科教学作为高校最基础、最根本的工作，领导精力、师资力量、资源配置、经费安排和工作评价都要体现以教学为中心。2018年1月，中共中央、国务院印发《关于全面深化新时代教师队伍建设改革的意见》提出，经过5年左右努力，教师培养培训体系基本健全，职业发展通道比较畅通，事权人权财权相统一的教师管理体制普遍建立，待遇提升保障机制更加完善，教师职业吸引力明显增强。教师队伍规模、结构、素质能力基本满足各级各类教育发展需要。为了适应高等教育改革和发展的需要，提高教学水平和人才培养质量，高校作为教育教学改革的生力军，需要对专业教师实施有效的校本培训。通过一系列基础培训，让青年教师迅速成长为适应教育教学常规、懂得运用教育教学技巧的职业教师。职业教师还可以参加后续专项培训，成为追求教育艺术骨干教师，继而成为不断提高与完善的优秀教师。

第一节　校本培训概述

一、校本培训的意义

高等学校的教师校本培训是指学校根据自身的发展需求，依据学校教师现状和发展潜力，利用校内外教育资源，自主规划设计并开展的、旨在实现学校发展目标以及促进教师专业成长的培训活动。《国家中长期教育改革和发展规划纲要（2010—2020年）》指出：要把教学作为教师考核的首要内容。教师入职发展初期是整个职业生涯的重要阶段。美国密西根大学教授迈凯奇曾说，教学最开始的几个月和几年是相当重要的。在这一时期积累的经验可能会使一位有前途的教师的教育生涯从此夭折，也可能为其在教学上继续成长和发展铺平道路。教师如何快速适应教学工作，提高教学效率成为我国高等教育发展与新教师个人发展的重要结点。

首先，新教师的教学适应问题影响着我国高校人才培养的质量。《纲要》指出：高等教育承担着培养高级专门人才、发展科学技术文化、促进社会主义现代化建设的重大任务。提高质量是高等教育发展的核心任务，是建设高等教育强国的基本要求。可见，国家对“全面提高高等教育教学质量”和“提高人才培养质量”十分重视。而高校人才的培养很大程度上取决于高校教师，教师教学水平越高，学生学习效果越明显。新教师，作为高校教师的重要组成部分和后备力量，为高校教师群体注入新鲜血液，也是高等教育可持续发展的不竭动力。然而，新教师入职培训体系的不完善、任职初期任务繁重、压力过大等多方面因素导致高校新教师无法快速适应高校的教学工作，从而给高校人才培养造成一定的负面影响。所以，帮助新教师顺利度过教学适应期势在必行。

其次，新教师的教学适应问题关系自身效能感与心理素质的健康发展。班杜拉将自我效能感定义为“人们对自身能否利用所拥有的技能去完成某项工作行为的自信程度”。对于刚入职的新教师而言，能够利用所学所闻去培养高素质人才是他们毕生的追求。目前，随着高等教育大众化发展，我国高校教师日益高学历化。然而并非学历越高，教学适应性越强。如若不能适应，将会给新教师带来严重的挫败感。如何有序、分层次开展新进教师职业培训，如何规划后期教学能力稳定发展，成为高校教师发展培养的中心任务。

二、校本培训的含义

校本培训是促进学校发展和青年教师专业发展的重要形式。所谓的校本培训就是在教育行政部门和教师培训部门以及有关专家的指导下，为了提高教师教育教学实践能力，为了促进学校的发展，以学校为中心，尊重校情，尊重教师的需求，以校长为第一责任人，建立有力的制度保障，由学校的教师发展机构进行组织、规划、实施，充分挖掘利用校内外资源，采取实地培训或虚拟培训的丰富形式，对学校全体教师进行教育信念、专业态度和动机、专业知识、专业能力、自我专业发展需要和专业意识等方面的一种在职继续教育模式。

校本培训具有明显特点：① 培训的主体是学校和教师，他们有策划、组织、实施、评价权。学校与教育行政部门、师训机构、大学或教育学院等是合作关系。② 校本培训要挖掘校内外优质培训资源。③ 校本培训应围绕学校的发展和教师的教育教学实践活动展开。校本培训应该力求做到管理规范化、形式多元化、内容模块化、师资专业化和评价实效化。

三、校本培训目标与形式

校本培训倡导造就一大批教育理念先进、教学功底扎实、教学策略灵活、教学效果显著、师德师风高尚的优秀青年教师。国内的研究者认为校本培训的内容应集中于教师胜任教学或者是革新教学的各种能力，包括：师德师风培训、专业素养培训、教师职业道德；教育教学理论和课改理论；学校特色教育理念；现代教学方法与教育技术；教师专业知识及专业技能、教师教学实践能力；先进教育管理经验；优秀案例教学研究和现代教学方法、教学模式等。

校本培训的目标：① 为了有效解决在高等教育中长期存在的教师教学能力的问题，适应教育改革与发展的需要，促进教师专业化发展。② 帮助教师确立先进的教学理念，研修大学教学工作所必需的教学方法与技能，解决在教学实践中遇到的真实教学问题和困惑，促进教师的真正发展。③ 为教师提供互动的机会，创设交流平台。④ 积极进行教学资源建设，充分利用现代信息技术，为教师提供超越时空限制的教学支持，实现泛在式研修。

教学培训主要采用学分制。学分制是一种重要的教育管理模式，它以选课为核心，教师指导为辅助，通过学分，衡量教师学习质和量的综合教学管理制度。学分制管理模式使得参加培训的教师的学习具有较大弹性，教师可以根据自己的时间和实际需求选修这些课程，并以学分计算。对每个职称层次、每个阶段的教师提出具体的学分要求，并与职称评定、绩效评定挂钩。

四、校本培训对象

（一）教师职业生涯

教师职业生涯理论是教师专业发展理论研究的起源，指的是教师个人在特定的场所教书育人的一系列教学活动相关联的职业经历。教师的整个职业生涯包含了教师从不适应到完全适应的全过程。在这个过程中，教师经过时间的积淀不断完善自己，实现新教师到专家型教师的转变。关于职业生涯划分全世界各国学者有多种划分，比较典型有如下几种：德耶弗斯（Dreyfus）从教师的熟练程度上将在职教师的专业发展阶段分为新手阶段、优秀新手阶段、胜任阶段、熟练阶段、专家阶段这五个阶段。他认为长年累月的教学能够让教师完成从新手到老手的转变。美国学者利思伍德（Leithwood）认为，教师的职业发展过程与教师心理发展水平有着密切联系。以教师的心理发展水平为依据，他提出了教师职业发展的四个阶段。第一阶段为“单纯”期，认为一切事物非黑即白，顺从权威，机械学习；第二阶段为“墨守成规”期，循规蹈矩，安分守己；第三阶段为“尽心尽责”期，这个阶段的教师有了较强的自我意识，具有较好的人缘；第四阶段为“独立”期，教师逐渐有了自己的想法，有了自己清晰的规划并能灵活运用。休伯曼（Huberman，1993）根据职业生命的“老化”过程，把教师职业生涯划分为五个阶段，即入职期（1～3 年）、稳定期（3～6 年）、尝新和自疑期（7～18 年）、保守期（19～30 年）、准备退休期（31～40 年）。

（二）培训对象划分

（1）适应期阶段（教龄不足 3 年）。这个时期的教师由于教学经验不足，对学科知识、教学知识、教学技能和教学方法的认识局，同时缺乏课堂管理经验，对学生的学习习惯、知识基础、思维习惯和学习能力不了解。在这个阶段的教师培训，要求青年教师通过培训，要掌握基本的授课技巧和课堂管理的方法，能驾驭教材，准确定位教学目标，并学会积极关注和倾听学生的学习需求以及学习过程中出现的各种问题，能有效设计教学活动。每年至少完成培训总学分 8 学分，其中必修学分 4 学分，并取得高校教师资格证。

（2）成长期阶段（教龄超过 3 年不足 6 年）。这个时期是形成经验和技能的阶段，教师开始认同教师的职业价值，逐步树立现代教育观念，教学基本功逐渐扎实，开始具备独立的教学实践能力，成为胜任学科教学的教师。在教学实践中形成了自己的教学设计、教法和学法指导。教师本身的教育教学实践经验和技能逐步形成，但是在教师专业素质上，水平还不够全面。培训要求每年至少完成培训总学分 6 学分，其中必修学分 3 学分。引进具有博士学位的教师在评副教授之前至少为本科生开展一次素质讲座。

（3）发展期阶段（教龄超过 6 年不足 9 年）。在教师专业素质上，开始向熟练化、全面化和整体化发展，能熟练驾驭教材、驾驭学生，能不断尝试新的教学方法，积极应对不断变化的教学情境，关注学生学习需求和学习障碍，能轻松在教学情境中顺利实现教学目标，并努力形成自己的教学特色和风格。本阶段的校本培训要求每年至少完成培训总学分 4 学分，其中必修学分 2 学分。副教授职称的教师在晋升教授之前至少为本科生开展一次专题讲座。

成熟期阶段（教龄超过 9 年）：这是教师开始形成自己的独到见解和教学风格的时期。教师开始用现代教育学理论指导自己的教学实践，并对学科教学有自己的独特见解，形成了自己的教学特色和风格，教学活动富有创新性和探索性，开始形成自己的教育思想，成为学科教育专家。培训针对此阶段的教师，要求每年至少完成培训总学分 4 学分，其中必修学分 2 学分。教授职称的教师每三年为本科生开展一次专题讲座。

不同发展阶段的教师，具有不同的整体特点。在校本培训中，要把握教师成长和专业发展不同阶段的规律，满足学校和教师的发展目标和需求，有计划、有目标、有过程地开展教师培训。不同发展时期教师培训学分要求如表 3-1 所示。

表 3-1　不同发展时期教师培训学分要求

阶段	任职时长	学分	培训内容
适应期	0～3 年	8	新进教师培训
成长期	3～6 年	6	素质讲座
发展期	6～9 年	4	专题讲座
成熟期	9 年以上	4	专题讲座

五、校本培训特点

目前我国现有的教师培训主要有国家级教师培训、省级教师培训、市（县）级教师培训和校本培训，无论是哪一层级的培训都明确以促进教师专业成长为核心目标，不仅强调补充和完善教师的新技能、新知识，而且还注重教师职业情感、态度和价值观的培养。自 20 世纪 90 年代，我国开始实施校本培训。在我国，校本培训一直是一个备受学校和教育部门关注的话题，它以其目标的直接指向性、组织的自我主体性、内容的现实针对性、方式的灵活多样性，被各级各类学校所推崇。

（一）管理信息化

教师教学发展中心自主设计开发了师资培训管理信息平台。平台具有课程发布、选课管理、培训班管理、培训项目管理、培训考核管理、培训结果分析等功能。通过平台，可以实现培训计划发布、教师网络报名、网络预约、网络选课、网络考试、网络审核培训班管理、培训考核和学分管理等工作的信息化，管理部门可通过管理信息平台及时了解培训工作进展，规范培训活动管理。

教师教学发展中心同时创建了在线教学资源共享和交流平台，方便教师快捷地访问丰富的教学示范资源、精品课程资源、教学研究资源、优质培训资源，实现资源共享，为教学提供优质丰富的网络优质教学培训资源支持，同时为教师构建具有自己教学特色的个性化教学方案提供参考和交流的便利，发挥优质教学资料促进教学改革、提升教育质量方面的作用。

（二）师资团队专门化

为全面提升教师教育教学技能和专业教学水平，满足不同学科教师发展需要，教师教学发展中心建立和完善了校院两级教学咨询服务体系，组建了一支“校内专家为主，校外专家为辅；分类建库，发挥专长”的兼职教学培训师队伍。每位培训师都确定了固定的培训方向，开发了几门培训课程，实现了团队的专业化，通过与青年教师交流教学经验、方法与策略，答疑解惑，更好地促进青年教师的专业成长。

（三）培训过程专业化

校级培训探索形成了“分类开展，务求深研”的专班培训模式，针对青年教师、教学管理人员、教研室主任等不同培训对象开设培训专班，精心设计培训内容，实现了教师培训的专班化。教师教学发展中心开发建设了“契合教师需要，体现专业特色”的青年教师培训课程体系，形成了“任务驱动、项目导向”的特色培训项目，实现了培训课程的系统化。

（四）培训内容课程化

要从教师和学校的发展现状出发，形成内容的块状化、条理化；在内容与时间的安排上，形成层次化、系统化；要以教师和学校可持续发展的需要出发，实现内容的特色化、风格化。

第二节 适应期青年教师培训

一、适应期的教师培训

入职前三年是青年教师步入教学岗位和从事教学工作的初级阶段，也是在教师生涯中需要尽快适应角色转换、胜任教育教学工作，提高其职业生涯起点的关键阶段。在此阶段教师会面临诸多问题，如角色转换、教学管理、科研管理和社会服务等方面的问题，需要完成组织社会化（个体通过调整自己的工作态度、工作行为和价值观念来适应新组织的价值体系，认同组织目标和行为规范并有效融入组织的过程），提升专业素质（教师的专业精神、教育信念、专业知识、专业技能和专业发展意识），做好专业发展规划。在教学实践中，青年教师不仅需要掌握扎实的专业理论知识，而且也应当了解教育学、管理学、心理学以及职业教育发展动向，从而在提升自身综合教学能力的基础上确保教学工作能够与现代教育以及专业发展实现良好对接。

培训目标：① 通过一系列培训使青年教师了解本职工作的使命感、责任感；② 帮助青年教师拓宽视野，强化青年教师的自我进取意识，提升其自我发展的能力；③ 加快青年教师知识结构的调整优化，更新教育观念，提高教育教学工作的实效性，使青年教师尽快胜任本职工作，站稳讲台。

二、培训内容

针对以上教师应知应会的知识结构，学校充分利用校内的优秀教师资源组成培训团队，以“团队作业”的形式和“理论学习＋课堂实战”的模式开展教学培训。培训方式为专家集中面授与网络远程研修相结合，专题讲座与教学实战相结合，名师引领与学员观摩相结合的方式，使青年教师将所学内容在教学中实践中得以应用，达到学以致用的培训目标。授课方式上，讲授与互动交流相配合，理论讲解与案例剖析相结合。

在校本培训中，青年教师要系统地学习关于师德、教育理念、教学方法和手段、教学技能和综合素质等方面的内容，主要涉及理论学习、基本功培训、实战演练三个模块。通过培训学习,使青年教师学会如何把自己的精深的专业知识通过适当的方式传授给学生(图 3-1)。

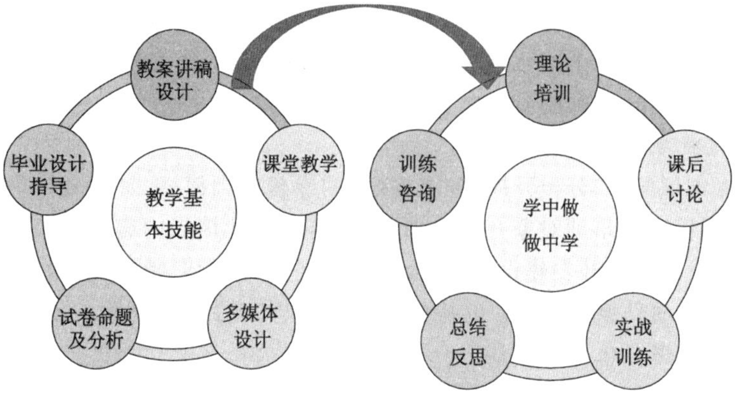

图 3-1　青年教师专项技能培训框架图

(一) 师德师风教育

高校兼有教书与育人的双重使命,因此,对青年教师的培养不应只是业务素质的提高,还应加强师德教育,帮助青年教师明确教师职能定位,做“有理想信念、有道德情操、有扎实知识、有仁爱之心”的四有教师。教师师德培训着眼于帮助青年教师了解教育政策法规、教师职业道德规范、教师基本礼仪,开设青年教师入职宣誓、国家级和省级教学名师及高年资骨干教师师德教育宣讲、教师职业道德教育等培训项目,通过讲座、名师指导、经验交流等的方式,增强青年教师的职业责任感,提高他们的职业道德修养和人文素养。

聘请骨干教师和国家级、省级教学名师结合自身执教的经历,与新进教师分享自己的成长经历和从教的体会,使青年教师在感受名师的风采中强化自我修养,明确“立德树人”“教书育人”的教育使命与职业责任,树立现代教育思想和良好的道德风尚,迅速成长为一个高素质的教师。

(二) 教育理念培养

为了使青年教师尽早完成身份转换,培训课程采用培训师讲授和互动相结合,青年教师集中培训、自主学习和网络培训相结合的方式,有针对性地设置大学文化、校史教育、创新思维教育、创新创业教育和学校人才培养目标与定位等培训项目,帮助青年教师拓宽教师知识视野、充实教师知识储备、完善教师知识结构,用新的教育教学理念构建自己的教育教学行为。

青年教师需要具备良好的知识结构,而良好的知识结构不仅涉及自身深厚的专业知识,而且涉及深厚的文化内涵、历史、哲学、心理学、道德规范、法律等。培训课程中的大学文化、校史教育旨在使青年教师了解学校的发展史、人才培养理念、校风、校训,使青年教师进一步熟悉学校、了解学校、融入学校,树立主人翁精神,激发出对学校的自豪感和责任感,增强对学校的归属感和认同感。

高校需要重视提升青年教师对自身职业所具有的认同感,强化青年教师在教学工作中的热情以及使命感,促使青年教师产生不断提升自身教学能力的动力,从而有效避免青年教师产生职业倦怠现象,并为青年教师教学能力培养工作成效的提升奠定良好基础。

创新思维教育和创新创业教育可以帮助青年教师掌握现代教育教学管理与研究的技术方法,树立现代教育教学理念,提高教育教学管理能力。

（三）教育方法与教学手段培训

帮助青年教师尽快熟悉大学教育的教学模式和工作规范，树立创新理念，形成先进、科学的信息化教学能力及教学新技术、新方法的应用能力，教学培训采用讲座、名师指导、经验交流、互动研讨等形式，开设了混合式教学法、互动式教学法、研讨式教学法、PBL教学法以及现代教育技术手段应用等项目，鼓励青年教师积极主动地探索有效的教学途径和策略，加强教育学等基础理论和学科发展前沿理论的学习，自觉将教学方法和手段转变为适合本学科的具体的教育教学行为，不断提高教学专业能力和教学创新能力。

（四）教学技能培训

教学本身也是一门科学，它既需要教育教学理论知识，更需要教育教学专业技能。青年教师培训的首要任务和基本目标是把握课堂，站稳讲台，胜任教学。所以，夯实基本教学技能是关系到青年教师能否站稳讲台、能否成长进步的基础性问题。

教师的教学能力指教师进行课堂教学所应具备的一些能力，包括教学设计能力、知识组织和传授能力、教学活动组织能力、课堂管理能力、语言表达能力、人际交往能力、教学研究能力，以及教学反思、监控和改进能力等。培训教师的教学实践能力应该围绕设计教学目标、分析教学内容、选择教学方法和途径、细化教学过程、实施教学评价来设计专项培训课程。通过培训学习，提高青年教师对教学的认知能力、教学设计能力，提升青年教师对课堂教学的组织、把控与管理能力。

教学技能是指通过反复运用和练习，在教学活动中运用教学理论知识和规则为达成教学目标，而形成的一类复杂、稳固的教学行动系统。教学技能专项培训采用培训教师集中讲授、分组讨论与青年教师课堂实战和名师点评相结合的方式。集中讲授课程紧紧围绕教学基本环节、基本能力和基本技能，重点针对青年教师应该掌握的课堂基本教学技能，开设教学设计规程、教案和讲稿设计规程、多媒体设计规程、板书设计规程、课堂教学规程、试卷命题及分析和毕业设计指导等培训模块，每一模块均采用理论与实践相结合的方法，包括优秀教师示范、名师点评，培训教师分组讨论，培训教师试讲、名师点评等。名师点评则发挥名师示范引领作用，通过培训专家有针对性地一对一指导，对青年教师在教学过程设计、各项基本教学技能的课堂实战中暴露出的教学问题进行分析、反思、讨论和总结，帮助青年教师将现代教育技术和本专业课堂教学有效整合，启发式地引导青年打破传统教学常规，灵活运用和处理教材，增强课程内容与社会生活的联系，不断提高教学实践技能，提升课堂教学水平，促进青年教师综合能力的提高和专业化成长。

（五）教师综合素养培训

高校教育实践要求每一位教师都心理健康，人格健全，帮助学生认识自我，完善自我。所以，心理学不能单纯地认为是用来解决学生的问题，也是教师用来解决自身问题的法宝。校本培训着眼于全面提升青年教师的综合素养，拓宽视野，更新知识，丰富专业。

校本培训开设教师身心素养培训，着眼于引导青年教师加强互动和交流，形成积极健康的心态，熟练掌握应用沟通技能、时间管理技能、情绪管理的技能，从而能够有效地应对工作和生活，并为其专业化的发展提供指引。课程聘请心理学院的资深教授针对老师如何调节工作、生活中遇到的压力，大学生心理问题的症状、大学教育中常见的问题、如何建立师生关系等方面进行指导，丰富青年教师心理健康知识，提高青年教师对大学生心理健康重要意义的认识，提升心理健康教育能力。

校本培训还开设教学管理制度、人事管理制度、科研管理制度、国际化途径与管理制度等的培训项目。管理制度培训聘请各相关职能部门负责人结合自身教学管理经验，面向青年教师解读学校的各项政策规范、规章制度和教学资源，帮助青年教师快速掌握本职岗位的规章制度，了解相关部门的办事流程，缩短适应期，尽快适应岗位角色。

三、培训形式

适应期教师培训采用半年全脱产专项培训，通过集中培训、讲座、观摩和实战教学等方式，开展师德师风、教育理念、教学方法、教学技能和综合素养全方位培训，“校本培训”具体内容见表 3-2。

表 3-2　新入职青年教师专项培训内容

序号	项目	内容	学时	考核方式
1	师德师风	开班:青年教师入职宣誓	2	考勤
2		教学名师师德教育宣讲	2	考勤＋心得
3		教师职业道德	2	考勤＋心得
4	教育理念	大学文化	2	考勤
5		校史教育	2	考勤
6		创新思维教育	2	考勤＋心得
7		创新创业教育	2	考勤＋心得
8		学校人才培养目标与定位	2	考勤
9	教学方法与手段	混合式教学法	2	考勤＋作品
10		互动式教学法	2	考勤＋作品
11		研讨式教学法	2	考勤＋作品
12		PBL、CBL 教学法	2	考勤＋作品
13		现代教育技术手段应用	2	考勤＋作品
14	教学技能	教学设计规程	4	考勤＋作品
15		教案、讲稿设计规程	10	考勤＋作品
16		多媒体设计规程	10	考勤＋作品
17		板书设计规程	10	考勤＋作品
18		课堂教学规程	10	考勤＋试讲
19		毕业设计(论文)指导	6	考勤＋心得
20		试卷命题及分析	6	考勤＋作品
21	综合素养	身心素养	12	考勤＋心得
22		教学管理制度培训	8	考试
23		人事管理制度培训	2	考勤
24		科研管理制度培训	2	考勤
25		国际化途径与管理制度培训	2	考勤
26		名家报告	2	考勤
总学时			110	

第三节　骨干教师培养

一、骨干教师培训

一位优秀教师的成长至少需要两次过程。适应期的成长是教师的第一次成长，这个成长阶段是在学校大环境、大氛围推动下的“要我成长”，更多依赖于校本培训、公开课、听课评课、集体备课、师徒结对等方式，而教师的第二次成长则主要是“我要成长”阶段，是教师自己通过读书、自我反思、专家指导、课题研究、成果总结、论著撰写等方式。校本培训的骨干教师培养是针对第二次成长的成熟期教师展开的培训活动，通过各项专业平台辅助和职业化指导推动骨干教师的精准突破，助力教师二次成长。

骨干教师应该有正确的教育思想、良好的心理品质、扎实的专业基础知识与较好的认知结构、深厚的教学功底、独特的教学风格、较强的教育科研能力与组织管理能力。骨干教师培训须满足以下条件：① 职业素质要相对优异。职业素质包括职业道德、教育思想观念、专业知识与能力、教育能力，个性心理品质等。② 教师在工作中发挥了其优异素质，在教育教学中取得了较突出的成绩。骨干教师只有不断地学习与探究才能实现其专业内涵的拓展、专业水平的提高，从而达到专业成熟的境界。③ 具有较强的教育教学能力，教学效果评价优秀，积极参与教育教学改革，对教学规律和教学方法有较深研究的教师。

骨干教师培训目标：分析教师教学特点和优势，采用专项培训和针对性练习来提高骨干教师的师德修养，丰富知识储备，更新教育理念，进一步提高骨干教师的教学研究、改革与发展的示范引领作用。培训主要采取理论与实践相结合，走出去与请进来相结合，观摩与示范相结合，校内培养和校外培养相结合等方式，同时在科研及教研课题项目上对其给予一定配套资金资助等措施，使其成长为所在学科的教学骨干。

二、培训内容

（一）课堂组织能力

课堂组织能力要求在教学工程中改变过于强调接受学习、死记硬背、机械训练的现状，以教学内容、教学目标、学生特点为依据，对教学活动进行检查和计划，通过教师灵活运用教学方法、多媒体展示以及技巧策略，倡导学生主动参与、乐于探究、勤于动手，培养学生搜集和处理信息的能力、获取新知识的能力、分析和解决问题的能力以及交流与合作的能力，加深学生对学习内容的理解，激发学生学习的积极性和创造性。

（二）教学内容拓展能力

优秀教师的教学从来不是死教书、教死书，他们对合适的教学内容进行挖掘和充实，改变课程内容繁、难、偏、旧和过于注重书本知识的现状，将生活中的素材、社会热点、科研成果、跨学科知识与专业知识进行有机融合，关注学生的学习兴趣和经验，深化教学内容，优化组织成富有意义的学习经验，引导学生站在学科的前沿。

（三）课堂监控能力

教学监控是指教师对教学过程进行评价、反馈、控制、调节，保证课堂教学的有序进行，使教学适应学生的发展需求。例如培训教师如何根据学生进度和课堂问题实时调整课堂教学节奏，敏感准确地对课堂教学情况做出判断，展现教学机智；老师如何关注整体的课堂氛围，通过这个反馈，及时调节课堂氛围；教师如何敏捷地捕捉学生的相关信息，及时做出反应，对学生的一个动作、一句话、一个眼神能够以恰当的行动予以回应，也就是在课堂上如何做到眼观六路，耳听八方。

（四）反思教学实践能力

教育在本质上是实践性活动，美国心理学家波斯纳提出的教师成长公式为：成长＝经验＋反思。实践让我们可以进行这样的解读：入职期的教师成长，更多在“经验”；骨干教师的成长，关键在“教学反思和自我反思”。反思是教师以自己的教学活动为思考对象，对自己所做出的行为、决策以及由此产生的效果进行审视和分析的过程，是一种通过提高参与者的自我察觉水平来促进能力发展的途径。反思体现“内省—感悟—理性思考—行动”的自我教育理念。通过反思教学，教师能在教育理论指导下对过去的教学经验进行回忆、思考、评价，做出新的计划和行动，从而改进教学实践，提高自身素质。但教师个体的经验反思无论在深度上还是在广度上都是有限的，而让教师群体共同反思教学实践，就有可能整合智慧，拓宽思维，触及教学中的深层次问题。教学反思能力是以教学为指向的、教师对自己的教学过程中的各个具体环节进行反馈和调控的能力，包括对教学目标、教学材料、教学方法、学生反应等因素进行调控的能力。自我反思能力指以教师自身为指向，对教师自身的教育理念、教育责任感、合作精神等进行反思的能力。

进入发展期和成熟期的教师，已经有丰富且独具特色的教学经验。推动他们对自己的教育教学进行系统反思整合，总结教学特色，重学教育理论，凝练教学思想，在总结经验中提升自己，同时指导培养年轻教师。

（五）教育教学诊断

教育教学诊断是教师客观认知自我、启动反思系统、实现“精准”突破的重要途径。教师发展中心聘请教学督导专家团队通过听课、评课，对骨干教师的教育教学情况进行诊断，通过学生的反馈和大量真实有效的数据，让教师发现一个真实的自己。从数据中寻找痛点，反思痛点背后的原因，开启自我改进系统，再出发，再进步，并在再次诊断中看到自己的改进效果。

（六）教学案例研究

教学案例研究也称课例研究。课例研究特别适合成熟期教师的成长。在培训中精心打磨研讨课，提供学习典范，革新教学方式，创新教学风格，引领教师发展航向。课例研究，即通过详细描述课例，精准发现课堂教学问题从而进行改进的研究方式。通过教案、学案、课堂实录、达标检测、学生对课堂的满意度、教学流程研究、课后反思、评课等“精品课堂八个面”，对一节课进行深入剖析和打磨，寻找教学过程改革的持续突破。

三、培训形式

教师发展中心设立了理论培训室、教研提升室、互动研讨室、教学自我训练室和个性化教学咨询室，满足校内各项教师发展培训活动的需求。以教学名师为骨干的培训团队为骨干教师开展全方位专项辅导和训练，有针对性地提升教师专业素质。

教师的培训以“学校＋学院、必修＋选修、校内＋校外”三结合为特点。培训形式采用集中与自主学习将结合的方式，注重培训过程中教师经验的积累与提升，重视个体需要和自我教育，进而提高教师教育教学实践水平。培训具体路径如图 3-2 所示。

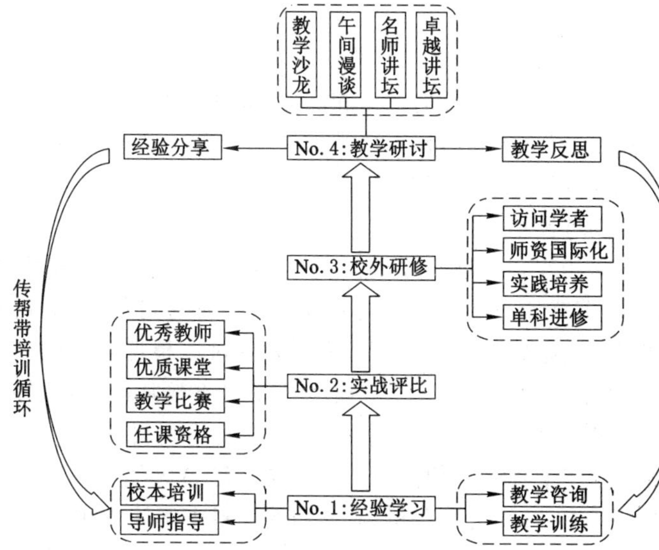

图 3-2　青年教师"四阶段双循环"发展路径

第四节　培训管理形式

一、校级培训

以学校整体发展为根本，以学校和教师的实际需求与发展为出发点，校本培训设计了系统性和多元化相结合的培训体系，紧密结合教师的教育教学实际，以"问题"为中心，以"实战"为手段，开展多途径、多形式、多模式的培训，并依托现代信息技术，通过校际的合作与交流，实行开放的校本培训方式(图 3-3)。

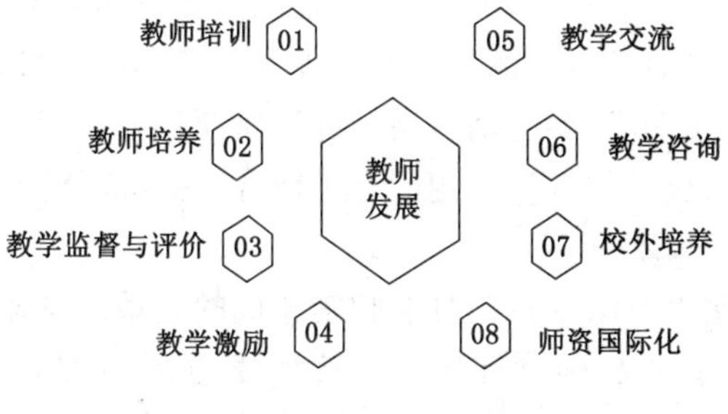

图 3-3　校级培训形式图

（一）校内教师培训

采用集中培训、讲座、观摩和实战教学等方式，开展"校本培训"。

(1) 集中培训

结合教育热点和教学实际，针对学校共性"问题"，聘请专家学者，开设专题讲座。包括新进教师的岗前培训、教学技能的岗位培训和综合素质与能力提升培训等，以更新教师教育教学理念,提升教学技能。

(2) 教学实践

教学实践是教师工作的落脚点。在学科教学中如何落实现代教育理念,培养学生的创新意识,激发和培养学生探索未知世界的欲望和能力,都必须落实在教师教学过程的点滴之中。因此,实战操作为主的策略研究是校本培训的主要内容。这一内容的培训包括教学案例分析、观摩(包括上课与说课)研讨、问题研究、经验交流等。

(3) 教师的个性化咨询服务

教学诊断是教师之间相互合作,有目的地对课堂教学进行严谨的、理性的观察和面对面的分析讨论,并提出改进策略的方法。每个优秀教师身上都有可借鉴和可汲取的营养。教师发展中心督导专家团队会定期轮流"坐诊"。入职教师可以根据自己的需要预约"就诊",请教讨论,避免一个导师指导的局限性。这样既发挥了优秀教师的示范、辐射和指导作用,也极大地促进了教师的身心发展,达到了智慧创生、全员提升的目的。

教师个性化咨询采用线上预约管理。教学咨询室内配备无线投屏显示器,培训专家可以有针对性地通过课堂听课、教学视频分析、教学档案材料查阅等方式,为教师提供一对一、一对多的个性教学咨询服务,提升教师的教学反思意识,发挥学思结合作用,有效提高教师的教学张力。同时,也可以为教师提供培优指导和心理咨询。

(4) 教学自我训练——微格教学

微格教学也称微型教学,是一种利用现代化教学技术手段来培训师范生和在职教师教学技能的系统方法,其主要特点是技能单一集中、目标明确可控、反映及时全面。短时教学后,培训小组成员马上观看,进行课堂教学行为的分析讨论;将教学者、学习者、分析者集于一身,具有角色转换的多元性。

(二) 校外教师培养

实施教师进修培养计划。以提升青年教师教学能力为出发点,为青年教师提供进修机会、进修平台,鼓励教师继续攻读学位或进行单科进修,同时加强教师教学实践能力培养。

实施个性化培训,把培训变为一种"奖励",特别是奖励那些优秀教师作为重点培养对象,促进其专业发展,满足其成长需要。一方面选派重点培养的优秀教师到国内一流大学单科进修、短期培养项目,以提升教师的教育教学理念;另一方面根据学科专业发展需要,遴选骨干教师到国内知名院校学习,参与知名高校的科研项目或和国外院校的国际合作项目,以提高科研能力,促进科研成果与教学应用的有机融合,使其成长为所在学科的教学骨干。

(三) 教学监督与教学评价

监督机制、评价机制以及激励机制具有相辅相成的关系。从监督机制的构建来看,完善的监督机制有利于引导青年教师对自身专业能力、教学能力发展提出更高的要求,并以更为负责的心态开展教学实践。教学发展中心建立了科学合理的教学评价机制,明确青年教师所应当掌握的教学能力,构建起完善、科学的评价指标体系。教学评价机制和科研评价机制逐步平衡,鼓励教师更多地关注教学实践能力的提升。比如,开展教师课堂教学评价,组织讲稿与作业、试卷以及毕业设计(论文)等教学档案材料的检查和评估工作,及时反馈评测结果,为教学改革提供参考和帮助。

(四) 教学激励

激励机制的构建对于调动和发挥广大教师的积极性和创造性,鼓励广大教师投身本科教学建设和教学研究，推进学校教师的教学研究，保持高校青年教师提升自身教学能力的热情具有重要意义。建立科学合理的激励机制，开展教学名师、优秀教师、优质课堂评选等工作，同时在职称评定和业绩津贴分配上加大对教学质量业绩考核的比重，对具有较高教学能力的教师进行多层面的激励，充分调动教师教学工作的积极性。

开展多种多样的教学技能比赛活动是促使教师专业成长的有效途径。教学竞赛不仅可以检测教师基本功，更为教师搭建了学习、实践、研讨的平台，营造了全校教师互相学习的浓厚氛围，有效促进了教师技能技巧的提高。学校应定期组织多项教学竞赛和各种教学单项奖比赛等活动，以提高教师教育教学技能为主要目的，以赛助培，提高教师专业水平。

（五）教学交流

教师的专业发展需要不断吸取别人的经验，在借鉴和学习他人中完善自己。校本培训鼓励教师互动和合作，让教师在专业争论中畅谈自己的思想观点，在理念碰撞中发现别人的真知灼见，在深度会谈中找出阻碍团队进步的消极因素，依靠集体智慧来加以解决。

1. 同伴互助式教学交流

学校应倡导教师之间的同伴互助，同伴互助是指“在两个或两个以上教师间发生的，以专业发展为指向，通过多种手段开展的，旨在实现教师持续主动地自我提升，相互合作并共同进步的教学研究活动”。李再湘先生在《教师专业成长导引》一书指出，校本教研强调教师在自我反思的同时，开放自己，加强教师之间的专业切磋、协调与合作，共同分享经验，互相学习，彼此支持，共同成长。

青年教师同伴间的交流、切磋、合作和经验分享，有利于引导青年教师形成学习共同体，改革教学内容和方法，开发教学资源，促进教学研讨和教学经验交流，为青年教师队伍整体教学能力的提升奠定良好基础，促进教师队伍整体素质的共同发展。教师教学发展中心不定期地组织开展以专业建设、教学改革、教学方法、课堂教学等为主题的教学沙龙、午间漫谈活动，促进教师教学经验交流，丰富教学活动内容。

2. 专业引领式培训

聘请有关专家做专题讲座或学术报告，开展以教学名师、知名学者为主的名师讲坛，以优秀教师教学示范课、教学公开课为主的卓越讲坛活动和素质教育活动为主题的名师讲坛活动。卓越讲坛更多侧重于成长期和发展期教师。专家真实的课堂是展示专家风格的平台，是专家高深理论积淀和高效教学实践最有机的融合，可以让教师们真正领略名师大家的风采和风范，能够在短时间内帮助教师有效地更新教育理念，提高不同阶段教师的教育教学水平，帮助他们真正地把理论和教学实际联系在一起，使他们的专业能力得到提升。名师讲坛更多侧重于成长期、发展期和成熟期教师。通过分享教学名师或科研名家的成功经验和最新科研进展，达到更新教育理念，提升创新能力的作用。名师讲坛侧重于专题讲座，可以对教师更有针对性地进行教学素养和科研素养的培养。卓越讲坛主要针对适应期教师，教师发展中心邀请优秀教师、教学获奖教师开设教学示范公开课，青年教师走进课堂实地观摩，通过聆听专家的精彩讲学，观摩成功的课例，领略专家创新的理论，启发引导青年教师的成长。

（六）教学咨询

在教师教育教学过程中，教师会遇到各种各样的困惑或问题。对问题的分析和提炼依赖于对学科本质的把握以及对学科教学理论的学习和研究。教师教学发展中心成立的校级教学咨询专家工作组，分层次、分类别、不定期地针对教师的困惑开展教学咨询服务，加强教师教学指导。教学咨询专家通过教学观察、沟通交流、个性指导等方式，对教师的教学质量、教学方法、教学能力进行诊断，为其制定个性化的教学能力、教学效果改进方案，并追踪其改进进展，帮助教师改进和提高教学质量，提升教学能力。

（七）师资国际化

学校针对性地组织每年的优秀教师、优质课堂获得者和教师讲课比赛一等奖获得者参加国际化课程培训班，使骨干教师学习先进的教育技术和教学方法，提升骨干教师国际化教学视野、教学理念，适应国际化人才培养的需求。

二、院级培训

以学科建设为平台，以青年教师导师制为载体，提升青年教师的教学能力。加强院级专业内“传、帮、带”活动。“传、帮、带”是一种传统的以老带新的工作方法。这里的“传”是指传授、传承；“帮”是指帮助、帮教；“带”是指带领、带动，充分发挥中老年教师的示范和帮带作用。

（一）青年教师导师制

青年教师导师制是教师在职培训的重要方式之一，是指学院选拔一批师德高尚、教学和科研水平高、治学严谨、教学经验丰富的相同学科的老教师担任青年教师的导师，发挥中老年教师传、帮、带的作用，从师德、教学、科研、育人等方面对青年教师进行全方位指导，培养青年教师的敬业精神和良好的师德和教风，促进青年教师思想、教学、科研等能力的全面提高的教师培养模式。作为导师的老教师不仅需要具有丰富的教学经验、卓越的科学研究的能力外，还需要具备良好的辅导技巧、沟通能力及对教师的评鉴能力，并热心于青年教师的培养。

导师制根植于学科教学的特点，针对学科教学的问题，面向学科教育的前沿。有经验的成熟教师与青年教师之间建立起互帮互助的合作形式。在教育教学工作中，成熟教师对青年教师进行指导，发挥“传、帮、带”作用，促进青年教师的成熟和成长；成熟教师也从青年教师那里获得新知识的补充和活力的感受等，从而达到双方优势互补、协调发展、共同成长的目的。

导师的职责是帮助青年教师熟悉和掌握教育教学工作规范和要领，督促青年教师按时完成学校布置的各项任务；指导青年教师认真熟悉和研究人才培养方案、课程目标、课程标准，拟写授课计划，编写教案，分析学生情况；指导青年教师提升备课质量和课件制作技巧；指导青年教师提高课堂组织能力，听课后指出改进意见；指导青年教师进行课后辅导和批改作业，并提出相应的改进意见；指导青年教师命题出卷、监考、阅卷、成绩输入、教学质量分析等工作，全面完成课程教学任务；指导青年教师撰写教育工作总结、教育反思及论文。

通过导师的一对一专项辅导，使青年教师逐渐熟悉并掌握本专业的学科教学常规、技能、方法。导师从各个教学环节严格把关，切实提高青年教师专业水平、教学水平和质量，为青年教师胜任教学任务提供有力支撑，最后达到能独立从事本岗位教学工作、站稳讲台的能力。

（二）青年教师听课、助课制度

青年教师听课、助课培训定位于提高青年教师的学科教学法和学科教学能力。帮助青年教师通过各种手段，将自己所掌握的深厚的学科知识和学科内容转化成便于学生理解和掌握的形式的专业知识。青年教师听课、助课形式的培训将对青年教师的培训有机地渗透到真实的教学情境和过程之中，突出培训的针对性和实效性，以确保受训教师教育教学能力有质的提高。教育教学改革的主阵地在课堂，让青年教师在老教师的课堂里，通过课堂教学实践来提高自身素质是十分重要的。在课堂中，青年教师通过对高年资教师教学实践的观摩和亲身参与，学习导师的学术知识、教学经验、教学方法、授课技巧。在真正的教学情境中学会将学科知识、课程知识、一般教学法知识、学生的认知等多种知识要素融合生成自己的教学技能，这些技能也是青年教师在课堂教学过程中会直接使用并且会对教学效果产生实际影响的技能。

在学院导师制的基础上，针对青年教师本人的学科专业，学院要安排青年教师进行包括辅助课堂教学、辅助答疑、评阅试卷和作业等环节的助课，引领青年教师尽快熟悉课堂，尽快掌握基本教学技能，熟悉教学，这是化解教师在教学中的困惑、激发灵感的有效办法，是促进教师专业成长的有效手段。

鼓励青年教师多听同伴教师的课。通过青年教师之间互听、互评，在教师间形成互相学习、互相促进共同提高的良好氛围，青年教师之间经常进行切磋、合作、支持与分享的横向交流，会促进青年教师的教学水平和教学质量共同提高。

第五节　教师培训的评价与考核

一、教师培训评价

（一）培训评价

人的社会行为是通过评价的反馈不断调整的，教师参加培训的效果如何，其预期的目标是否达到等必须通过一定的考核和评价来衡量。教师评价是推动或者制约教师专业发展的关键措施，直接影响到教师工作的积极性。教师评价，从目的上可分为两种类型：一是奖惩性教师评价，二是发展性教师评价。以推动教师专业发展为目的的教师评价必须是发展性的教师评价。发展性教师评价以促进教师的专业发展为最终目的，它是一种双向的教师评价过程，建立在双方互相信任的基础上，和谐的气氛贯穿评价过程的始终。发展性教师评价是一种形成性评价，评价贯穿于青年教师培养的全过程，实现评价与培养的有机结合，它不以奖惩为目的，而是在没有奖惩的条件下激励教师，激发他们参加校本培训的积极性，提高自我意识，让他们意识到校本培训对自身教育教学素质提高的重要性，从而促进教师的专业发展，实现学校的发展目标。

教师的专业发展呈现出阶段性的特点，不同阶段教师成长水平不同，因此专业发展的内容与目标也就不同，为此就必须建立不同的评价准则和评价标准。学校要建立切实可行的、能激励教师主动参与的培训考核指标体系，这是确保校本培训质量和水平的关键。评价体系的评价指标要兼顾教师在教育教学方面的发展和教师在学术研究能力方面的发展。

从评价培训的效果出发，在评价过程中应遵循全面性和发展性相结合的原则，过程性评价和结果性评价相结合的原则，定性评价和定量评价相结合的原则，专家、同行和同伴教师共同参与评价的原则，并以过程性评价为重点，体现公平和公正。对教师参加校本培训中的具体表现以及其在校本培训后在教育教学、科学研究工作业绩等方面进行检验考查,以考核促效率,其目的在于激励高校教师参与校本培训的积极性和主动性,最终实现教师的自身发展,提高学校的办学质量。

（二）培训评价形式

评价的方式可以采用诸如教师成长记录袋、培训活动记录表、问卷调查、听课记录等形式。教师成长记录袋内容包括根据学校培养计划拟定的个人学期培训计划、总结,参加学校集中组织的校培训活动的情况记录、自学笔记、听课笔记、教育教学手记、示范课、研讨课、观摩课及公开课的教案等教学档案资料,使教师对培训前后自身学习情况和培训效果进行综合对比,帮助青年教师充分认识自己专业素养和教学方面的提高,促进教师的教育教学知识、技能的掌握,同时强调教师的主动参与,发挥教师的积极性,尊重教师的个性和专业价值,通过评价促进教师发展,通过评价结果的有效利用,提高青年教师培养水平。

培训评价需要建立校本培训的考勤制度、经验交流制度、培训考核评价制度、培训学分管理制度、优秀学员的评选和奖励制度和不合格学员的惩罚制度等。在培训考核结束后,根据参加培训教师的培训出勤、项目完成质量、培训表现和考核结果,评选一定比例的优秀学员,发放荣誉证书、记入个人培训档案并通报所在学院。在单项教学技能考核中表现突出的教师,也将酌情评出 1～2 名单项奖(图 3-4)。

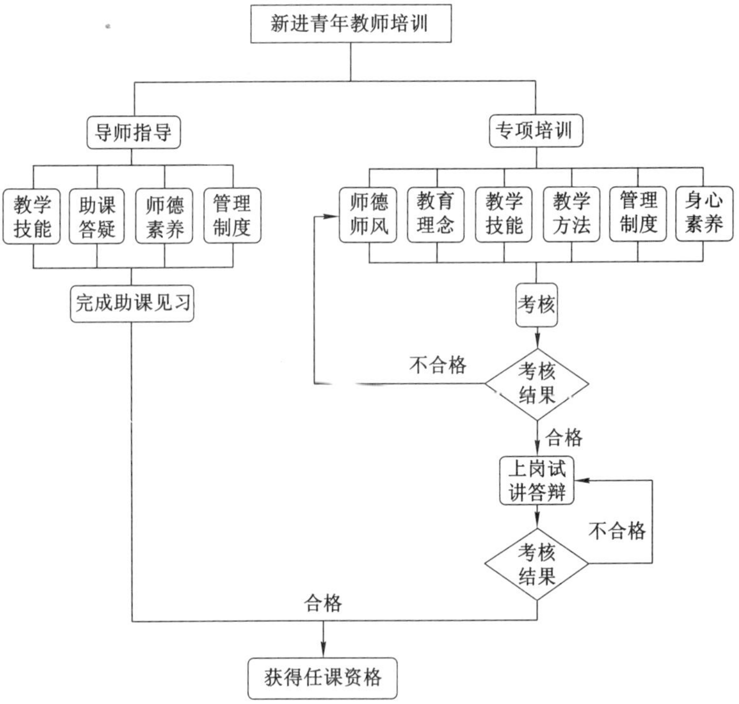

图 3-4　青年教师培训评价与考核流程图

二、教师培训考核

考核是教学工作中不可缺少的环节,对教学活动具有重要的指导作用,是反馈教学信息,检测和评价教学质量,调控教学过程的重要手段,是培养和选拔人才的重要的途径。校本培训实行动态管理，进行过程督查。对参训教师的考核采用以平时检查为主，学年综合考核相结合的方式，实行“校本研修学分制”，教师每期必须完成必修培训学分，通过现场考核，考核结果纳入教师业绩考核中。

根据学校校本培训总体培训目标和学校校本培训计划，将考核内容分为师德培训、理论学习、教师教学基本功培训、骨干教师培训、教学研究能力培训。考核中强调参培教师的四种态度：积极参与的态度、团队合作的态度、勤于研究学习的态度、善于反思的态度。培训考核分为师德素质、知识素质和能力素质等几个方面，师德素质包括教师的师德修养和教育理念；知识素质涵盖专业知识、教育理论知识；能力素质包含教学能力、自学能力和创新能力等方面。

师德师风、教育理念和综合素养考核大多数采取“考勤＋心得”的方式进行，即教师按时参加培训，并按要求及时提交培训心得体会。二者均具备则视为合格。

教学方法与教学手段考核采取“考勤＋作品”的方式进行，即教师按时参加培训，并按要求及时提交作品。二者均具备则视为合格。

教学技能考核分为现场试讲答辩及材料审核两部分，一般安排在教师专项培训结束2～3周后统一进行。现场试讲答辩分为教案设计、板书设计、PPT设计和课堂讲授等部分。青年教师所在学院的教学副院长和导师均参与现场答辩。青年教师需提交拟承担课程的三节教案、板书与PPT设计文案，由考核专家指定其一进行讲授，专家根据其课堂讲授过程中体现的教学技能、教学态度、教学内容、教学方法、教学效果等表现进行综合考评，填写考评评价表。

材料审核部分，专家对青年教师拟承担课程的全部教案（讲稿）及PPT设计进行审核，二者均通过者方可视为培训合格，不合格者需再次参加培训和考核。

第四章　教学文档

新进青年教师虽然本学科知识基础较扎实，但作为教师的基本训练缺乏，基本教学能力不高，大多数没有经过教育教学的专业训练。青年教师要想成为优秀的教学者，需要全面了解教学的规范、标准和完整的教学流程；还要学会如何尊重学生的个体差异，理解学生学习过程中的问题，学会处理教学有效的反馈信息。

第一节　教学文件

教学文件是在教学管理和教学改革实践中形成的与教学直接相关的各种文件材料，是进行教学研究活动和教学工作评估不可缺少的依据和参考材料。一名教师在实际教学活动中，要了解一些具体教学文件，如专业培养方案、课程教学大纲、教学进度表制作、讲稿教案撰写、多媒体课件设计与制作、课堂精细化管理等。一名教师不仅要了解自己所讲授课程的教学目标，培养学生何种能力以及课程在学生培养方案中位置和作用，更要详细了解如何综合来驾驭管理课程。

一、人才培养方案

人才培养方案是高校实现人才培养目标的总体设计，是教育教学改革理念的主要体现，作用于人才培养全过程，直接影响人才培养质量。

（一）培养目标

人才培养方案是高校实现人才培养目标的总体设计，是教育教学改革理念的主要体现，作用于人才培养全过程，直接影响人才培养质量。

方案制定应按照人才培养立德为先、立学为基的思想进行设计。既要加强专业教育，注重“高素质、重应用、强能力”，更要加强思想品德教育，注重“树理想、讲诚信、强意志”，打造青年学生的精神骨骼，提升学生的爱国精神、公民意识和社会责任。把促进学生的全面发展和适应社会需要作为人才培养质量的根本标准。深化高等教育内涵建设，实现以学生为中心、以学习为中心、知识和能力并重，注重个性发展，培养学生创新能力，改革教学方法与教学评价体系。着力加强学生的科学思维与学习方法训练，培养学生自主学习和终身学习能力；着力加强学生课外实践与研究活动开展，培养学生实践能力和创新能力；着力加强学生人文素养与精神品格教育，培养学生理性认识现实问题与道德问题的能力。

（二）课程设置和要求

（1）我校专业培养方案一般规定：四年制理论总学时不超过 2 300 学时（包括实验、上机等学时，不包括实践学时），周学时平均 20～25 学时/周，五年制总学时控制在 2 700 学时左右。四年制本科学分不超过 190 学分，五年制本科学分不超过 270 学分。其中学分一般要求见表 4-1。

表 4-1　培养方案课程类型学分要求

序号	类型	学分及要求
1	理论课、实验课教学	16 学时 1 学分
2	体育课教学	36 学时 2 学分
3	集中实践环节：如生产实习、课程设计、毕业设计（论文）等按周安排的教学环节	1 周 1.5 学分
4	军事教育课（军事理论＋集中训练）	3 学分
5	创新素质学分	6 学分，不计入总学分

（2）课程设置围绕知识、能力、素质协调发展的培养要求，构建“平台＋模块”的人才培养体系。三个平台指通识教育平台、学科基础教育平台和专业教育平台；两个模块指实践教学模块、素质与能力拓展模块。各专业需按照该体系设置课程，部分具体学分可在要求范围内自行确定（图 4-1）。

图 4-1　专业培养方案课程设置拓扑图

① 通识教育平台课程包括必修课程和选修课程两类，其中必修 43～46 学分，要求所有专业必修。必修课程目的是为专业培养提供必要的基础知识，例如大学语文、高等数学、计

算机、大学英语、大学物理等。主要训练学生的科学思维，增强学生对知识的融会贯通能力为今后的学习和发展奠定基础。选修课程包含哲学历史类、语言文化类、经济管理类、法律法规类、自然环境类、信息技术类、体育艺术类、医学保健类等，旨在拓宽知识面，开阔学生视野，提升综合素质。

② 学科基础教育平台中设置学科基础必修课及选修课，学科基础选修课程可以依据学科特点和需求设置，学生毕业前应达到的专业设定最低学分标准。专业教育平台分为专业必修模块和专业选修模块。每个专业均设置了的 6～8 门专业核心骨干课程，保证学生专业素养。

③ 实践教学模块旨在培养学生的实践和创新能力。2015 版方案要求人文社会科学类本科专业不少于总学分(学时)的 20%、理工农医类本科专业不少于 30%。实践教学环节包括军体类课程、实习见习实训、课程设计、毕业论文(设计)、社会调查及其他实践活动。

二、教学大纲

教学大纲是根据学科内容及其体系和教学计划的要求编写的教学指导文件，它以纲要的形式规定了课程的教学目的、任务；知识、技能的范围、深度与体系结构；教学进度和教学法的基本要求。它是编写教材和进行教学工作的主要依据，也是检查学生学业成绩和评估教师教学质量的重要准则。

教学大纲指学校每门学科的教学纲要。其中包括教学目的、教学要求、教学内容以及讲授和实习、实验、作业的时数分配等。从形式上看，教学大纲的结构一般分为三个部分，即说明、本文和附录。

(一) 说明

大纲的说明部分阐述开设本门课程的意义，本门课程教学的目的任务和指导思想，提出教学内容选编的原则和依据，课程基本属性、地位等内容(图 4-2)。

(二) 本文

大纲本文是对教学的基本内容所作的规定，是大纲的主体部分，反映教学内容基本结构及其主要的教学形式，它是以学科的科学体系为基础，结合教学法的特点，顺序地排列着该门课程教学内容的主题、分题和要点。一般以篇、章、节、目等，编制成严密的教学体系。在大纲本文中规定着本门课程教学内容的范围和分量，时间分配和教学进度，也在一定程度上反映课程 学术观点以及教学深度、重点和难点。大纲本文还应把该门课程有关篇章的实验、实习或其他作业题目规定下来；还要介绍各篇章的教科书、参考书或其他参考资料和文献，以及必要的教学设备等。总之，本文部分反映了该课题主线、知识结构以及实施环节(图 4-3)。

(三) 附录

附录部分则列举各种教学参考书和资料，见图 4-4。

三、教学进度表

教学进度表是教师根据教学大纲组织教学的具体安排和执行文件，包括授课课程名称、班级、时间、地点等基础信息，重点列举每个知识点讲授的课内外学时、讲授周次和具体组织方式和人员安排，见图 4-5。

采矿学课程教学大纲

课程编码	**H01CT059**	课程名称	采矿学	
课程英文名称	**Mining**			
先修课	矿山地质学、岩体力学、矿山机械、爆破工程、井巷工程		适用专业	采矿工程
总学分：**5.0**	总学时：**80**	授课学时：**72**	上机学时：**0**	实践学时：**8**
制定单位	矿业工程学院		制定时间	**2016** 年 **5** 月

一、课程性质和课程目标

本课程是采矿工程专业的专业核心课程。本课程在系统阐述露天开采和地下开采工艺理论与方法的基础上，通过课堂教学、课堂实践等教学环节，使学生掌握采矿学基本概念、基本原理，掌握矿床开采步骤和开采工艺，进一步了解国内外矿山开采技术、设备发展现状，熟悉采矿工程领域的新工艺、新理论，培养学生专业生产管理能力和规划设计能力，使其掌握矿产资源开发所需的基本理论和基本工艺方法，具有解决实际工程问题的综合实践和创新能力，并能够自主学习和终身学习采矿工程专业相关知识。课程目标及能力要求具体如下：

课程目标 **1.**掌握采矿学的基本概念、基础理论、基本开采工艺技术。

课程目标 **2.**掌握矿床开拓设计方法，能够进行矿床开拓方案的优化与优选，并具有独立完成矿床开拓设计的能力。

课程目标 **3.**掌握露天开采、地下开采的基本工艺理论与方法，能够进行开采方法及工艺的优化与优选，具有独立完成开采设计的能力，能够针对具体采矿工程问题开展初步研究。

课程目标 **4.**掌握矿山绿色开采的基本理论与方法，具有环境保护及可持续发展的理念，具备自主学习和终身学习能力，适应专业发展需要。

图 4-2 教学大纲说明部分

三、课程基本教学内容

第一单元 采矿学总论（建议学时数：**4** 学时）

1．学习目的和要求

了解露天开采和地下开采的特点和技术装备、发展趋势，掌握金属、非金属矿床开采的基本概念，掌握矿石损失、贫化等开采技术经济指标的概念，熟悉矿床开采步骤及相关工艺过程，能够运用所学知识进行相关采矿工程问题的分析与计算。

2．课程内容

（1）采矿学现代工业地位及其研究内容和发展趋势

（2）金属、非金属矿床的工业特征

（3）采矿学基本概念、基本术语

（4）矿床开采步骤及三级储量

（5）矿石的损失和贫化

3．考核知识点和考核要求

（1）识记：矿石、岩石、品位、矿石分类、矿体分类、矿岩物理力学性质、回采单元划分与回采顺序、露天开采主要步骤、地下开采主要步骤、三级储量、矿石损失与贫化。

（2）领会：矿岩稳固程度的分级、矿石损失与贫化相关计算。

（3）综合应用：无。

图 4-3 教学大纲本文部分

六、考核方式

课程的考核以考核学生能力及培养目标的达成与否为主要目的，以检查学生对各知识点的掌握程度和应用能力为重要内容，包括课后作业、实践能力考核和期末考核3个环节。课程总评成绩3个环节的成绩加权而成，成绩均为百分制，课后作业权重10%，实践成绩权重40%，期末成绩权重50%。

各考核环节所占分值比例可根据具体情况进行调整，建议值及考核细则如下。

课程成绩构成及比例	考核环节	目标分值	考核/评价细则		支撑的课程目标
作业成绩100分 占总评成绩的10%	课程作业	100	露天开采工艺、地下开采工艺、开拓系统、采矿方法、境界设计基本原理及设计中应考虑的相关内容	主要考核学生对各单元知识点的理解和掌握程度；每次作业按100分制单独评分，取各次成绩的平均值作为此环节最终成绩。	课程目标1、2、3
实践成绩100分，实验和设计各占总评成绩的20%	虚拟仿真实验	100	根据实验情况和实验报告质量单独评分，满分为100分；取各次实验成绩的平均值计入实验成绩。		课程目标2、3
	专题设计	100	考查应用先进设计工具解决工程问题的实践能力、口头和文字表达能力；教师根据选题、设计图件、报告和答辩情况评分，满分为100分，取各次设计成绩的平均值计入设计成绩。		课程目标2、3、4
期末考试100分 占总评成绩的50%	知识	40	（1）卷面成绩100分，以卷面成绩的50%计入课程总评成绩。 （2）主要考核露天矿和地下矿的基本概念、露天开采工艺、露天矿境界设计，露天矿生产能力采剥方法、地下矿开拓系统设计原理、采矿方法等内容。考试题型为：选择题、填空题、简答题、读图题和论述题等。		课程目标1、2、3、4
	技能	30			
	综合应用	20			
	创新	10			

七、教学参考书目

1.《采矿学》（第二版），王青、任凤玉主编，冶金工业出版社，2011年。

2.《露天采矿学》，高永涛、吴顺川主编，中南大学出版社，2010年11月。

3.《金属矿床地下开采》（第二版），解世俊，冶金工业出版社，2006年。

图4-4　教学大纲附录部分

华北理工大学课程教学进度表

2019～2020学年秋季学期 矿业工程 学院 矿山系统工程课程					
课程号-课序号	H01CT251-01		课程名称	矿山系统工程	
授课班级	2016采矿		授课教师	A老师	
上课时间	星期3第5-6节(6-13),星期5第5-6节(6-13)				
上课地点	曹妃甸校区HD座D120(6-13)				
周次	讲次	学时	授课内容	任课教师	备注
第6周	1	2	系统与系统工程	A老师	
第6周	2	2	线性规划	A老师	
第7周	3	2	动态规划	A老师	
第7周	4	2	图与网络分析	A老师	
第8周	5	2	图与网络分析	A老师	
第8周	6	2	系统分析	A老师	
第9周	7	2	系统预测	A老师	
第9周	8	2	系统预测	A老师	
第10周	9	2	多目标决策与综合评价	A老师	
第10周	10	2	矿山地质储量及品位估算	A老师	
第11周	11	2	地下开采采矿方法优选	A老师	
第11周	12	2	地下开采开拓方法优选	A老师	
第12周	13	2	地下开采掘进计划优化	A老师	
第12周	14	2	露天矿开采境界的浮锥法应用	A老师	
第13周	15	2	露天矿开采境界的二维动态规划应用	A老师	
第13周	16	2	露天开采优化设计	A老师	
合计学时	总学时32学时，其中理论32学时，实验0学时，上机0学时				

图4-5 教学进度表

四、教案与讲稿

教案，也称教学方案，是为完成教学大纲所规定的教学任务，依据教学进度表的进度要求准备的教学工作计划，是教师以课时为单位编写的供教学使用的实施方案。教学方案是落实教育思想、教学方法、教学手段和考试方法的具体措施，是指导具体教学实践的重要依据。教案书写可采取不同的形式，教案首页反映教师的教学思路和授课过程。无论是纸质形式或电子文档形式，都要以书面形式保存在教研室的教学档案中，见图4-6。

讲稿是教师的讲课稿，是对全部讲授内容的具体组织和表达，是讲授内容的文字描述，要求尽可能详细、全面。讲稿反映教师对教学内容的领会、熟悉和再创造，围绕教案规定的教学要求和知识点进行制作并适当扩充。

教案主要内容是关于教学内容讲解和授课方式一种设计，包含针对一个知识点的教学方法、教学安排、预期教学效果的设想与构思等，如影视艺术的剧本、课堂情境的镜头脚本，见图4-7。

讲稿是讲课的详稿或脚本，是教师的讲课稿，是对全部讲授内容的具体组织和表达，是

教　案　首　页

课程名称	中　文	采矿学 I	
	英　文	Underground Mining I	
授课对象	2015 级 采矿工程 专业 本科 层次	课　时	2 学时
授课周节	第 4 教学周　周一　　第 1、2 节	上课教室	HD112
授课章节	第十五章 空场采矿法 15.6 阶段矿房法		
教学目标	1. 掌握垂直深孔球状药包落矿阶段矿房法（VCR 法）的落矿原理、关键技术、优缺点； 2. 掌握 VCR 法与大直径深孔落矿阶段矿房法的区别； 3. 理解阶段矿房法的适用条件。		
教学要求	*科研反哺教学教育。根据课程特点，体现科研反哺教学教育内容设计，积极吸收本专业最新科研成果。 *课堂管理。体现“立德树人”教育任务，注重教书育人，言传身教。 *课堂互动。促进师生互动，以“问题”为导向开展讨论。		
教学重点	1. 掌握垂直深孔球状药包落矿阶段矿房法（VCR 法）的落矿原理、关键技术、优缺点。		
教学	1. 理解和掌握 VCR 法与大直径深孔落矿阶段矿房法的区别		

图 4-6　教案首页

讲话稿的衍生，是教案的延伸，要求把教师授课过程中的每一个预设问题、每一个教学设计都要详细准确表达。通常包含讲授内容的文字描述，要求尽可能详细、全面。讲稿反映教师对教学内容的领会、熟悉和再创造，围绕教案规定的教学要求和知识点进行制作并适当扩充。

五、教学课件

教学课件也称多媒体课件，简单来说就是老师用来辅助教学的工具，创作人员根据自己的创意，先从总体上对信息进行分类组织，然后把文字、图形、图像、声音、动画、影像等多种

讲 稿 正 文（讲授概要与教学过程设计）

授 课 内 容	注解
【本讲课程的引入】 地下矿山开采落矿方式：浅孔落矿、中深孔落矿、深孔落矿。 对比三种落矿方式的优点、缺点，结合矿山设备的发展，导入本讲内容。	以“落矿方式”为导向，复习各落矿方式的优缺点，结合矿山设备的发展状况，引入本讲内容。
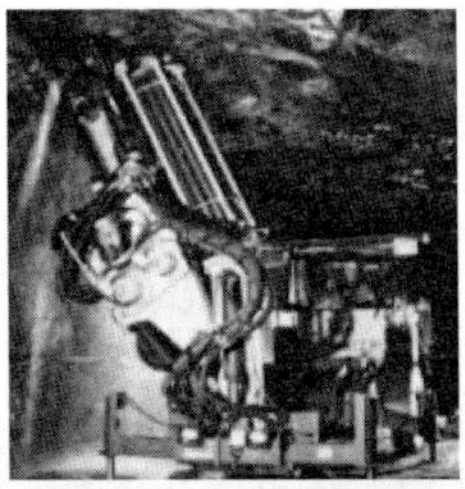 	以“VCR 法”的发展史为基础，介绍其基本概念，并结合其英文全名进一步理解概念
【本讲课程内容】 一、垂直深孔球状药包落矿阶段矿房法（**VCR** 法） **（1）基本概念** **VCR 法作为一个新的采矿工艺，出现于 20 世纪 70 年代后期，是集大直径深孔凿岩装备、爆破理论、爆破技术等方面技术成就，是美国 C.W.利文斯顿对球形药包漏斗爆破的研究和 L.C 郎的时间应用的结果。目前该法已经在加拿大美国澳大利亚西班牙等国家的许多矿山推广中应用，并都取得交好的效果。** VCR 法的英文全称：VerticalCraterRetreatmining method	首先通过视频介绍该方法的工艺技术，再结合三维图像进行讲解

图 4-7 教案的内容设计

媒体素材在时间和空间两方面进行集成，使他们融为一体并赋予它们以交互特性，从而制作出各种精彩纷呈的多媒体应用软件产品，见图 4-8 和图 4-9。

多媒体课件有丰富表现力，不仅可以更加自然、逼真地表现多姿多彩的视听世界；还可以对宏观和微观事物进行模拟，对抽象、无形事物进行生动、直观的表现；对复杂过程进行简化再现等等。这样，就使原本艰难的教学活动充满了魅力；网络技术的发展，多媒体信息的自由传输，使得教育在全世界交换、共享成为可能。不仅可以在内容的学习使用上提供良好的交互控制，而且可以运用适当的教学策略，指导学生学习、更好地体现出“因材施教的个别

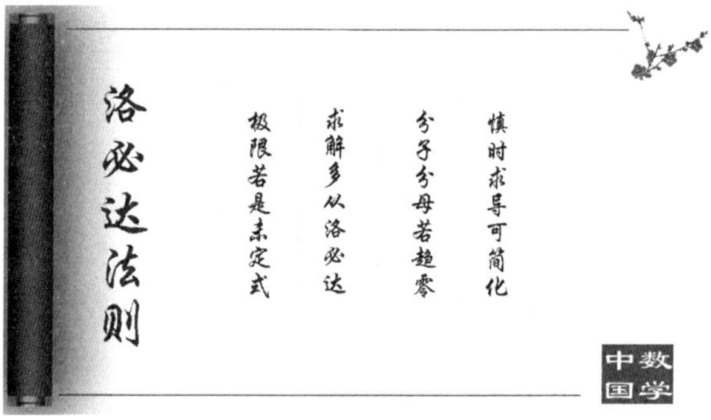

图 4-8　数学小结的课件

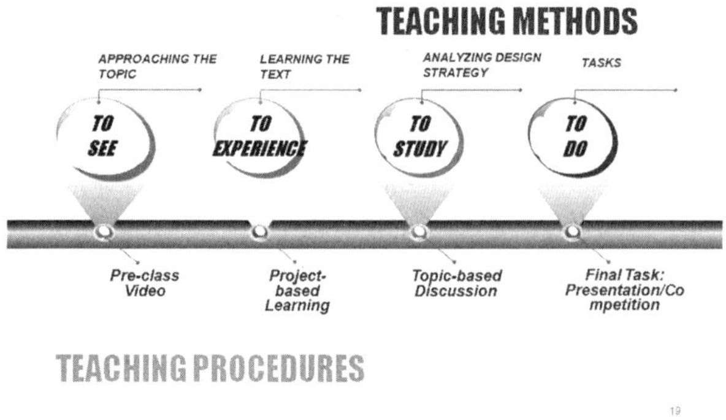

图 4-9　教学方法的课件

化教学”。

六、其他教学文件

除了上述教学文件之外，在教学过程中还需要准备其他教学文件，如试卷、试卷分析、教学总结等。其中试卷的编制和试卷分析是学业测评重要的环节。纸质试题考试目前还是高校教学最常见的手段，试卷命题质量的高低是衡量教师专业素养高低的重要指标之一，直接影响考试评价的效果。试卷命题时应依据教学目标、教学大纲和教材内容合理设计，并结合教学过程特点，严格按照学科特点、知识体系、学生的年龄和心理、生理等特点确定命题内容。通常试卷分为 A、B 卷，A、B 卷的内容要符合教学大纲，反映教学目标，分值相当，体现课程的主要内容、基本原理和基本技能方法。

试卷分析是教育测量的重要组成部分，是教师进行教学调控提供依据的重要手段。试卷分析是在考试结束以后，教师进行的一种非常客观的综合性的教学反思行为，其中包括对教师“教”的情况的反思、对学生“学”的情况的反思，同时也是对教师命题水平的反思。试卷分析主要包括命题评价，学生答题情况分析。对于教师来说，通过试卷分析可以了解学生对于课程内容的掌握情况，分析学生答题中的问题，调整教师的教学思路和方法，提升教师的教学专业技能，见图 4-10。

华北理工大学试卷分析

******----********学年　秋季　学期

<table>
<tr><td>课程名称</td><td colspan="2">化学基础B</td><td>班级</td><td>******</td><td>学生人数</td><td>89</td></tr>
<tr><td>任课教师</td><td colspan="2">A老师</td><td>考核方式</td><td>闭卷</td><td>考试时长</td><td>90分钟</td></tr>
<tr><td rowspan="2">成绩分布</td><td colspan="2">最高分</td><td colspan="2">最低分</td><td colspan="2">平均分</td></tr>
<tr><td colspan="2">98</td><td colspan="2">29</td><td colspan="2">63.6</td></tr>
<tr><td>直方图</td><td colspan="6">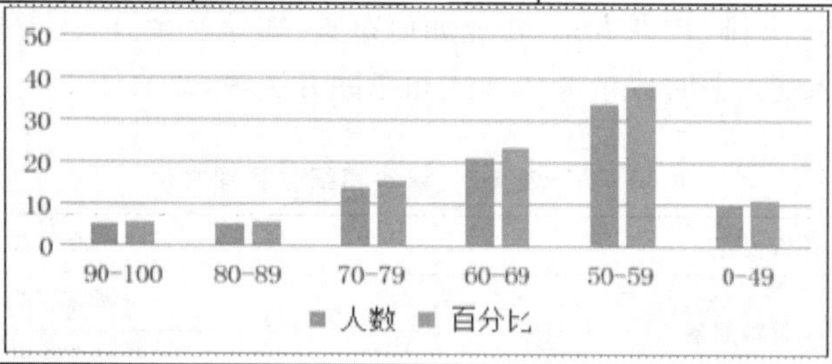
</td></tr>
<tr><td>基本分析</td><td colspan="6">本套试卷共计4 道大题，包含 42 道小题，卷面分数为 100 分。
学生答卷时间最快在80 分钟，最慢在90分钟。
学生成绩总体偏低，学生在综合分析试题和创新内容试题上失分较多，说明学生对本课程的知识掌握不够扎实。
除期末考试外，本课程的平时考核方式有作业、课上提问、测试等，按照作业的质量、回答问题的正确和完整程度、测试的结果等体现形成性评价。</td></tr>
</table>

图 4-10　教学结束后试卷分析

第二节　课程精细化管理

精细化的教学管理，就是注重教学过程的管理，追求实际教学中的科学性、严谨性和高效性。在教学运行过程中实行精细化管理，能够有效克服教学管理过程中的随意性和无序性，有助于教师形成严谨的学风、教风。

教师是课堂管理的主导者，要推进精细化课堂教学管理，不仅从理念上让教师理解精细化本质，同时还要细化其中标准及要求。课程精细化要求教师应该具有认真负责的教学态度，过硬的教学基本功，适应时代要求的教育理念与方法；应该合理强化过程控制，及时关注平时的教学效果，并进行指导和修正；应该定期整理教学内容，精心设计教学过程，细备课堂教案。在精细化教学过程中，“精心”是态度，“精细”是过程，“精品”是结果。

课程精细化管理是根据专业培养目标，对课程实施进行计划、组织、检查与控制的过程，涵盖课前、课中、课后，其最终目的是确保培养目标的达成以及确保培养效果的持续改进。课程要提升教学质量，向课堂要质量，向课堂要水平，向课堂要效率，以课堂教学为抓手，教师要从课前、课中、课后三个阶段为切入点，全面实施课堂精细化管理。

一、课前精心准备

（1）教师根据课表完成授课进度计划，进度符合大纲与校历安排，能如期上交备查。

（2）教材准备：任课教师选择合适教材并及时报送所选教材，由学院审核。

（3）常规教学材料准备：教师能够在授课前认真准备教案、讲稿、多媒体课件、平时成绩记录单等常规教学材料。

（4）首堂课授课准备：教师应认真准备首堂课讲稿，包括在首堂课对课程教学大纲讲解，介绍课程进度安排、授课方式、作业如何布置、辅导答疑方式、考核办法与命题形式、考核资格、课堂纪律要求、平时成绩考核方式和考勤方法等，见表4-2。

表4-2　课堂精细化管理文件

评价内容	评　价　项　目
教学材料准备	教案、讲稿
	平时成绩记录单
首堂课教学内容	课程教学大纲
	进度安排
	授课方式
	作业布置
	辅导答疑方式
	考勤方法
	考核资格
	平时成绩考核方式
	考核办法

二、课中设计与管理

（一）强化教学设计

精细化课堂教学过程需要精心设计教学思路，不仅考虑这堂课准备安排几个学生活动，每个活动应当如何安排；还应考虑教师在整个活动中应当怎样指导学生，怎样与学生产生互动；另外还要考虑学生在整个活动的过程中会出现或者遇见那些问题，老师应当如何进行控制和评价。在保证教学内容与教学大纲保持一致基础，引入工程实践、科学研究相关成果或该领域热点问题，对重点、难点教学内容进行精心设计；恰当运用教学手段，内容娴熟，理论和实践有效结合；采用多样化教学策略去吸引、引导学生，注重育人和传递正能量，在教学设计注重“导向”“导思”“导练”，提高学生学习兴趣和学习参与度高。“导向”有两个含义：一是引导学生瞄准课程的教学目标，集中精力去攻坚，使问题得解决，技能得以精进。二是在教学中渗透课程的学习规律，使学生知道它该怎样学。“导思”是引导学生深入思考，这是教学能否深入的关键。“导思”也是引导学生规范思维方法，培养学生良好思维品质的过程。“导练”是强化教学效果的重要措施。实践出真知。学生知识的把握、技能的形成离不开实践。特别是各种操作的练习，更不可忽视，教师导练方向是否对头，方法是否有效，是衡量教学水准的一个重要方面。

（二）加强课堂精细化掌控

课堂精细化掌控就是要提高课堂教学有效性。教师应该关注学生在具体的教学环境中，在提前教学方案的影响下能否主动地构筑知识、发展自己探究知识的能力和思维技能、运用知识解决社会生活中的实际问题的能力。课堂知识是不变的，变的是教师采取何种策略提高学生主动学习效率。在课堂上应做到目中有生，以学生为中心，增强课堂教学的趣味性和教学语言风格的幽默感，让课堂形式“活起来”“动起来”。

在课堂教学环节中加入“导趣、导博”成分，增加学生主动学习的热情。“导趣”是提高课堂教学效率、培养知识兴趣的重要方面。一堂饶有兴趣的课程，能极大地吸引学生在课堂上的注意力，把教学引向深入。培养学生兴趣的重要意义，绝不亚于知识教育。“导博”是把课堂教学引向深入、培养知识兴趣的重要措施，是大教育观的表现。教学中恰如其分地引导学生对所学内容进行延伸，使学生认识更正确、更扎实。另外，上课时间精心掌控，尽可能提前到达课堂，做好课前准备工作，并适度与学生进行交流；加强课堂管理，对学生看手机、睡觉、吃零食等与教学无关的行为严格管理；在课堂教学过程中，应当运用点名、提问、现场讨论等措施调动学生，有针对性地提高学生学习效果，强化学生科学思维的训练。

三、课后答疑与反思

（一）课后作业与辅导

理论教学后，应当布置一定量的作业，作业布置批改量不少于每 8 学时一次；应当结合课程需要加强网络教学平台等信息化平台，开展课后互动和答疑辅导，针对学生作业中出现的普遍问题进行及时讲解和引导。

课后作业环节应该包括从作业的布置、批改和总结、点评等方面。教师应该结合知识点精心设计课后作业内容和形式。优秀的作业设计不仅能使学生通过作业巩固和复习已学过的知识，还能使学生在做作业的过程中发展自己的兴趣，培养自己的创造力；不仅能使教师通过作业了解学生的知识掌握程度和问题所在，从而调整自己的教学方式和方法，还能成为教师与学生沟通交流的重要途径。教师可以根据需要适当设置一些新颖有趣的课后作业，巧妙地将课前预习和课后复习相结合。作业设计中，应注重学习方法的渗透，并将把对学生内在品性的陶冶和对学生兴趣潜能的发展，作为作业设计的基本出发点，以此来激发学生的内在学习动力。在设计课后作业时能做到围绕重点、有的放矢，找准前后两节课的知识联系结构，设计出的课后作业要能自然又连贯地衔接前后两节课的教学重点。

（二）教学反思与评价

教师每次授课后应该对教学设计、案例和实际效果进行总结和反思。教学成果主要从以下三方面评价：一是短期目标是否得到实现，即本节课的教学目标是否实现。如德育目标、智育目标、技能目标以及一般发展目标的到位情况；二是长期目标是否落实。如教学中是否教给学生学习方法，学生的学习兴趣、良好的学习习惯是否得到培养等；三是看学情，即教师是否善于引导，学生是否真正“三动”，师生关系是否和谐，信息交流是否多向等；四是学境，即课堂上是否有一个良好的学习气氛，如教师感情充沛，学生个个奋进，互相取长补短，有错就改。根据实际的评价和反思定期对教学思路、方法进行完善，对内容进行修改、更新。

四、教学过程评价

教学是一个动态的持续过程，评价活动贯穿整个教学过程。对学生的学业评价应该建立“立足过程，促进发展”的评价理念，评价的根本目的是为学生的终身学习和发展服务，促进每一个学生在原有基础上有真实的提高。教师应积极探索基于学科素养的全方位、客观性、综合性、过程化的评价方式。在构建评价体系时，要特别注意评价内容的全面性和客观性，既要评价学生掌握知识的多少，还要评价学生的学习习惯与方法等多方面的内容，关注学生在学习活动中的审美情趣、参与程度及合作态度；关注学生能否在学习实践中发现问题、提出问题、探索和解决问题等。依据学校自身特点和学生学情，建立立足学校实际的学生学业评价内容、形式、手段。学生学业评价的方式为过程性评价和终结性评价相结合，通过考核建立起知识考核与能力考核相结合、终结性考试与平时考核相结合、笔试与口试、动手操作、生产实践相结合、闭卷与开卷相结合的形式多样的考核方式。

（一）过程性评价

过程性评价是指在教学活动进行过程中评价活动本身的效果，用以调节活动过程，保证教育目标实现而进行的价值判断。过程性评价关注课堂学习，重视学生的求知过程、探究过程。过程性评价有两个特点：① 关注学习过程。学生在学习的过程中会采取不同的学习方式，不同的学习方式又会导致不同的学习结果。过程性评价关注学生学习过程中的学习态度、学习感悟、学习体验、创新思维等与学习相关的各个方面。② 评价方式多元化。过程性评价主要侧重评价学生的日常表现过程和学习过程，具体的形式可以是学生自评、小组互评、教师评价等多样的开放式的评价。评价的内容包括课程教学过程中的课堂测验、课堂讨论、阶段性考试、作业、读书报告、实验报告、调查报告等。

课堂评价即对学生在课堂学习中的表现进行即时评价，主要是考察学生是否能保持持续的学习兴趣，积极、主动地参与学习活动。由于学生自身的素质不同，对知识的理解、能力的提升也会不同，所以教师的课堂评价要立足“以人为本”，关注每个学生的水平的提高，促进学生学业的发展。评价的目的是“以学生的学习效果为最终目标”。

平时作业包括纸质作业和网络平台作业两部分。教师要及时对学生的作业情况进行有针对性的评价，主要从学生的作业态度、作业质量来评价。作业完成情况的质量评价要有具体的评价标准。

（二）终结性评价

终结性评价也称总结性评价，是指在某项教育活动告一段落时，对最终成果做出价值判断。也就是以预先设定的教育目标为基准，对评价对象达成目标的程度，即最终取得的成就或成绩进行评价。

终结性评价的评价方式包括单纯的闭卷、开卷、半开卷、调研报告、应用答辩、小论文、课程设计、文献综述等，也可以采取闭卷与开卷相结合、口答与笔答相结合、集中测试与分散测试相结合、课堂检测与阶段检测相结合、定时考试和不限时考试相结合等形式。教师应该根据课程的特点、考试的目的，灵活选择考试的方式，淡化分数评价，注重能力考核。表 4-3 列出了几类课程的不同评价方式，仅供参考。

表 4-3 不同类别课程的评价方式

类别	考核方式
必修课程	可以采用形成性评价与终结性评价相结合的方式。期末考试采用传统书面试卷考核的方式，而形成性评价要与学生的平时学习情况、个人表现等结合起来进行考核
实验性或实训性课程	考核要以实际表现考核为主。实验(实训)课程要以操作考核方式作为主要方式，可以选择采取现场实验技能操作、学科竞赛形式、上机操作、设计答辩、作品设计等方式，或者采取理论知识测验结合操作测试相结合的方式，或者现场技能考核与平时学习情况等因素综合考虑的考核方式
选修课程	可采取开卷或闭卷试卷考核、大作业、上机操作、现场技能操作、现场答辩、实验测试等方式与日常表现相结合的考核方式
顶岗实习和毕业设计(实务专题)	可以采取顶岗考核答辩、毕业设计(作品)、毕业答辩(实务专题答辩)、作品展示、预就业考核等考核方式

附　　录

附录1　新时代高校教师职业行为十项准则

教师是人类灵魂的工程师，是人类文明的传承者。长期以来，广大教师贯彻党的教育方针，教书育人，呕心沥血，默默奉献，为国家发展和民族振兴作出了重大贡献。新时代对广大教师落实立德树人根本任务提出新的更高要求，为进一步增强教师的责任感、使命感、荣誉感，规范职业行为，明确师德底线，引导广大教师努力成为有理想信念、有道德情操、有扎实学识、有仁爱之心的好老师，着力培养德智体美劳全面发展的社会主义建设者和接班人，特制定以下准则。

一、坚定政治方向。坚持以习近平新时代中国特色社会主义思想为指导，拥护中国共产党的领导，贯彻党的教育方针；不得在教育教学活动中及其他场合有损害党中央权威、违背党的路线方针政策的言行。

二、自觉爱国守法。忠于祖国，忠于人民，恪守宪法原则，遵守法律法规，依法履行教师职责；不得损害国家利益、社会公共利益，或违背社会公序良俗。

三、传播优秀文化。带头践行社会主义核心价值观，弘扬真善美，传递正能量；不得通过课堂、论坛、讲座、信息网络及其他渠道发表、转发错误观点，或编造散布虚假信息、不良信息。

四、潜心教书育人。落实立德树人根本任务，遵循教育规律和学生成长规律，因材施教，教学相长；不得违反教学纪律，敷衍教学，或擅自从事影响教育教学本职工作的兼职兼薪行为。

五、关心爱护学生。严慈相济，诲人不倦，真心关爱学生，严格要求学生，做学生良师益友；不得要求学生从事与教学、科研、社会服务无关的事宜。

六、坚持言行雅正。为人师表，以身作则，举止文明，作风正派，自重自爱；不得与学生发生任何不正当关系，严禁任何形式的猥亵、性骚扰行为。

七、遵守学术规范。严谨治学，力戒浮躁，潜心问道，勇于探索，坚守学术良知，反对学术不端；不得抄袭剽窃、篡改侵吞他人学术成果，或滥用学术资源和学术影响。

八、秉持公平诚信。坚持原则，处事公道，光明磊落，为人正直；不得在招生、考试、推优、保研、就业及绩效考核、岗位聘用、职称评聘、评优评奖等工作中徇私舞弊、弄虚作假。

九、坚守廉洁自律。严于律己，清廉从教；不得索要、收受学生及家长财物，不得参加由学生及家长付费的宴请、旅游、娱乐休闲等活动，或利用家长资源谋取私利。

十、积极奉献社会。履行社会责任，贡献聪明才智，树立正确义利观；不得假公济私，擅自利用学校名义或校名、校徽、专利、场所等资源谋取个人利益。

附录 2　高校教师职业道德规范

一、爱国守法。热爱祖国，热爱人民，拥护中国共产党领导，拥护中国特色社会主义制度。遵守宪法和法律法规，贯彻党和国家教育方针，依法履行教师职责，维护社会稳定和校园和谐。不得有损害国家利益和不利于学生健康成长的言行。

二、敬业爱生。忠诚人民教育事业，树立崇高职业理想，以人才培养、科学研究、社会服务和文化传承创新为己任。恪尽职守，甘于奉献。终身学习，刻苦钻研。真心关爱学生，严格要求学生，公正对待学生，做学生良师益友。不得损害学生和学校的合法权益。

三、教书育人。坚持育人为本，立德树人。遵循教育规律，实施素质教育。注重学思结合，知行合一，因材施教，不断提高教育质量。严慈相济，教学相长，诲人不倦。尊重学生个性，促进学生全面发展。不拒绝学生的合理要求。不得从事影响教育教学工作的兼职。

四、严谨治学。弘扬科学精神，勇于探索，追求真理，修正错误，精益求精。实事求是，发扬民主，团结合作，协同创新。秉持学术良知，恪守学术规范。尊重他人劳动和学术成果，维护学术自由和学术尊严。诚实守信，力戒浮躁。坚决抵制学术失范和学术不端行为。

五、服务社会。勇担社会责任，为国家富强、民族振兴和人类进步服务。传播优秀文化，普及科学知识。热心公益，服务大众。主动参与社会实践，自觉承担社会义务，积极提供专业服务。坚决反对滥用学术资源和学术影响。

六、为人师表。学为人师，行为世范。淡泊名利，志存高远。树立优良学风教风，以高尚师德、人格魅力和学识风范教育感染学生。模范遵守社会公德，维护社会正义，引领社会风尚。言行雅正，举止文明。自尊自律，清廉从教，以身作则。自觉抵制有损教师职业声誉的行为。

附录 3　“红七条”师德禁止行为

一、不得有损害国家利益、损害学生和学校合法权益的行为。

二、不得在教育教学活动中有违背党的路线方针政策的言行。

三、不得在科研工作中弄虚作假、抄袭剽窃、篡改侵吞他人学术成果、违规使用科研经费以及滥用学术资源和学术影响。

四、不得有影响正常教育教学工作的兼职兼薪行为。

五、不得在招生、考试、学生推优、保研等工作中徇私舞弊。

六、不得索要或收受学生及家长的礼品、礼金、有价证券、支付凭证等财物。

七、不得对学生实施性骚扰或与学生发生不正当关系。

附录4　采矿工程(煤矿开采方向)专业培养方案

学科门类:工学　　二级类:矿业类　　专业代码:081501

一、培养目标

培养德智体美全面发展,具有良好的人文和科学素养,具备扎实的力学理论基础和煤矿资源开发基本理论知识,掌握煤矿地质学、采煤学、矿山机电、矿井通风、安全技术与管理等专业知识和技能,能在矿业工程领域及相关行业从事开采设计与施工、技术开发、安全技术与管理等工作的富有创新精神、实践能力强的应用型高素质人才。

二、培养要求

主要学习高等数学、大学物理、材料力学、理论力学、岩体力学、机械制图、矿山机械、矿山供电、矿山系统工程等基础学科课程,以及采煤学、井巷工程、煤矿地质学、矿山压力与岩层控制、爆破工程、矿山安全技术等专业基础理论和技术,毕业生应获得以下知识、能力与素质:

1. 具有较好的人文素养、良好的职业道德和较强的社会责任感;

2. 具有从事采矿工程所需要的相关自然科学知识,掌握采矿学科的基础理论知识,掌握必要的工程基础知识;

3. 掌握煤矿开采的基本方法和技术,了解采矿学科研究现状和发展趋势;

4. 具有一定的生产组织和技术管理能力,具有良好的表达能力和团队协作能力;

5. 了解国家有关采矿工程专业设计、生产、安全、研究与开发、环境保护等方面的方针、政策和法规;

6. 具备计算机应用的基本能力,掌握文献检索、运用现代信息技术获取相关信息的基本方法;

7. 具有创新意识和先进理念,具备进行矿业领域技术革新和新技术、新工艺研究的初步能力;

8. 具有适应发展的能力以及对终身学习的正确认识和学习能力;

9. 熟练掌握英语,能够顺利阅读本专业外文资料,具有一定的外语交流能力。

三、学制

四年。

四、学位

工学学士学位。

五、主干学科

矿业工程、安全科学工程。

六、主要核心课程及特色课程

核心课程:

① 爆破工程;② 岩体力学;③ 矿山系统工程;④ 井巷工程(B);⑤ 采煤学;⑥ 矿井通风与安全。

特色课程:

① 爆破工程;② 井巷工程(B);③ 采煤学。

七、主要实践性教学环节

① 大学体育 1～4；② 军事训练；③ 大学物理实验 1；④ 大学物理实验 2；⑤ 测量实习 A；⑥ 地质实习；⑦ 专业认识实习；⑧ 专业生产实习；⑨ 煤矿开采毕业实习；⑩ 井巷课程设计(B)；⑪ 采煤学课程设计；⑫ 矿井通风课程设计；⑬ 毕业设计。

八、毕业合格标准

学生在校期间德、智、体三方面完成培养要求，按本教学计划的要求，学完必修课、选修课和实践教学环节，取得 192 学分，其中必修课 162 学分，通识选修课 15 学分，专业选修课 15 学分；通过参加学科竞赛、大学生创新创业项目、学术讲座等创新活动，取得创新素质学分 6 分。

采矿工程(煤矿开采方向)专业教学计划进程表

一、通识教育平台

<table>
<tr><th rowspan="2">课程性质</th><th rowspan="2">课程编号</th><th rowspan="2">课程名称</th><th rowspan="2">学分</th><th colspan="5">学时分配</th><th rowspan="2">开课学期</th><th rowspan="2">成绩记录</th><th rowspan="2">备注</th></tr>
<tr><th>总学时</th><th>讲课</th><th>上机</th><th>实验</th><th>实践</th></tr>
<tr><td rowspan="22">必修课</td><td>H33ST004</td><td>中国近现代史纲要</td><td>2.0</td><td>32</td><td>28</td><td></td><td></td><td>4</td><td>2</td><td>百</td><td></td></tr>
<tr><td>H33ST003</td><td>思想道德修养与法律基础</td><td>3.0</td><td>48</td><td>36</td><td></td><td></td><td>12</td><td>4</td><td>百</td><td></td></tr>
<tr><td>H33ST001</td><td>马克思主义基本原理概论</td><td>3.0</td><td>48</td><td>44</td><td></td><td></td><td>4</td><td>1</td><td>百</td><td></td></tr>
<tr><td>H33ST002</td><td>毛泽东思想和中国特色社会主义理论体系概论</td><td>6.0</td><td>96</td><td>64</td><td></td><td></td><td>32</td><td>3</td><td>百</td><td></td></tr>
<tr><td>H20ST001</td><td>大学英语 1</td><td>3.0</td><td>48</td><td>48</td><td></td><td></td><td></td><td>1</td><td>百</td><td></td></tr>
<tr><td>H20ST002</td><td>大学英语 2</td><td>3.0</td><td>48</td><td>48</td><td></td><td></td><td></td><td>2</td><td>百</td><td></td></tr>
<tr><td>H20ST003</td><td>大学英语 3</td><td>3.0</td><td>48</td><td>48</td><td></td><td></td><td></td><td>3</td><td>百</td><td></td></tr>
<tr><td>H28SP001</td><td>体育 1</td><td>2.0</td><td>36</td><td></td><td></td><td></td><td>36</td><td>1</td><td>百</td><td></td></tr>
<tr><td>H28SP002</td><td>体育 2</td><td>2.0</td><td>36</td><td></td><td></td><td></td><td>36</td><td>2</td><td>百</td><td></td></tr>
<tr><td>H28SP003</td><td>体育 3</td><td>2.0</td><td>36</td><td></td><td></td><td></td><td>36</td><td>3</td><td>百</td><td></td></tr>
<tr><td>H28SP004</td><td>体育 4</td><td>2.0</td><td>36</td><td></td><td></td><td></td><td>36</td><td>4</td><td>百</td><td></td></tr>
<tr><td>H99ST007</td><td>入学导论</td><td>1.0</td><td>16</td><td>16</td><td></td><td></td><td></td><td>1</td><td>等</td><td></td></tr>
<tr><td>H99SP006</td><td>军事训练</td><td>3.0</td><td>2 周</td><td></td><td></td><td></td><td>2 周</td><td>1</td><td>等</td><td></td></tr>
<tr><td>H99ST005</td><td>军事理论</td><td>2.0</td><td>32</td><td>32</td><td></td><td></td><td></td><td>1</td><td>百</td><td></td></tr>
<tr><td>H99ST003</td><td>大学生职业生涯规划</td><td>1.0</td><td>16</td><td>16</td><td></td><td></td><td></td><td>2</td><td>等</td><td></td></tr>
<tr><td>H99ST001</td><td>创新创业教育与实践</td><td>2.0</td><td>32</td><td>16</td><td></td><td></td><td>16</td><td>3</td><td>等</td><td></td></tr>
<tr><td>H99ST002</td><td>大学生就业指导</td><td>1.0</td><td>16</td><td>16</td><td></td><td></td><td></td><td>7</td><td>等</td><td></td></tr>
<tr><td>H19ST002</td><td>大学计算机 A</td><td>2.0</td><td>32</td><td>22</td><td>10</td><td></td><td></td><td>1</td><td>百</td><td></td></tr>
<tr><td>H19ST001</td><td>程序设计基础(VB 语言)</td><td>3.0</td><td>48</td><td>20</td><td>20</td><td></td><td>8</td><td>2</td><td>百</td><td></td></tr>
<tr><td>H21ST001</td><td>大学国文</td><td>1.5</td><td>24</td><td>24</td><td></td><td></td><td></td><td>2</td><td>等</td><td></td></tr>
<tr><td>H23ST002</td><td>心灵导航</td><td>1.0</td><td>16</td><td>8</td><td></td><td></td><td>8</td><td>3</td><td>百</td><td></td></tr>
<tr><td colspan="2">合计</td><td>48.5</td><td>744</td><td>486</td><td>30</td><td>0</td><td>228</td><td></td><td></td><td></td></tr>
<tr><td>选修课</td><td colspan="11">课程设置：素质拓展类课程原则上全部为 16 学时，1 学分。网络资源课程为 1～2 学分，技能提升课程原则上1～3 学分；
毕业学分要求：通识选修课程学分为 15 学分</td></tr>
</table>

二、学科基础平台

课程性质	课程编号	课程名称	学分	学时分配					开课学期	成绩记录	备注
				总学时	讲课	上机	实验	实践			
必修课	H19ST013	高等数学 A1	5.0	80	80				1	百	
	H01CT054	采矿工程专业学科导论	0.5	8	8				1	等	
	H19ST014	高等数学 A2	5.0	80	80				2	百	
	H19ST006	大学物理 B1	3.0	48	48				2	百	
	H03ST008	机械制图 B	3.5	56	56				2	百	
	H19ST023	理论力学 B	3.5	56	56				2	百	
	H19ST033	线性代数	2.0	32	32				2	百	
	H19SP008	大学物理实验 1	1.5	24			24		3	百	
	H19ST007	大学物理 B2	3.0	48	48				3	百	
	H05ST001	材料力学	4.5	72	64		8		3	百	
	H19ST012	概率统计 B	2.5	40	40				3	百	
	H01CT227	工程流体力学 B	2.0	32	32				3	百	
	H19SP009	大学物理实验 2	1.5	24			24		4	百	
	H03ST003	机械设计基础 B	3.0	48	48				4	百	
	H01ST004	测量学	2.5	40	40				4	百	
	H01SP001	测量实习 A	1.5	1 周				1 周	4	百	
	H01CT195	矿山电工学	2.0	32	32				4	百	
	H03CT149	矿山机械与液压传动	2.5	40	40				5	百	
	H01CT039	爆破工程	2.0	32	32				5	百	※△○
	H01CT323	岩体力学	2.5	40	32		8		6	百	※
	H01CT204	矿山系统工程	2.0	32	32				7	百	双语教学※
	合计		55.5	864	800	0	64	0			

三、专业教育平台

课程性质	课程编号	课程名称	学分	学时分配					开课学期	成绩记录	备注
				总学时	讲课	上机	实验	实践			
必修课	H01CT230	煤矿地质学	2.5	40	36		4		5	百	
	H01CP101	地质实习	1.5	1 周				1 周	5	百	
	H01CT160	井巷工程(B)	2.0	32	32				5	百	※△○
	H01CP161	井巷工程(B)课程设计	3.0	2 周				2 周	5	百	
	H01CP248	认识实习(B)	3.0	2 周				2 周	5	百	
	H01CT138	采煤学	5.0	80	74		6		6	百	※△
	H01CT181	矿井通风与安全 B	2.5	40	36		4		7	百	※○
	H01CP178	矿井通风课程设计(B)	1.5	1 周				1 周	7	百	
	H01CP355	专业生产实习(B)	4.5	3 周				3 周	6	百	
	H01CP068	采煤学课程设计	4.5	3 周				3 周	6	百	
	H01CT324	矿山压力与岩层控制 B	2.0	32	32				7	百	
	H01CT189	矿山安全技术(B)	2.0	32	32				7	百	
	H01CP231	煤矿开采毕业实习	3.0	2 周				2 周	8	百	
	H01CP044	采矿毕业设计(B)	21.0	14 周				14 周	8	百	
	合计		58.0	256	242	0	14	0			
选修课	H05CT332	弹性力学 C	1.0	24	24				4	百	
	H01CT212	矿图与计算机辅助设计	1.5	36	24	12			5	百	
	H01CT058	采矿新技术讲座	1.0	24	24				5	百	
	H01CT190	矿山安全与法规	1.0	24	24				5	百	
	H01CT307	选矿概论 B	1.0	24	24				6	百	
	H01CT279	数字矿山	1.5	36	36				6	百	双语教学
	H01CT201	矿山企业管理	1.0	24	24				6	百	
	H01CT199	矿山技术经济学	1.0	24	24				6	百	
	H01CT165	井巷支护技术	1.0	24	24				6	百	
	H01CT053	采矿工程专业外语	1.5	36	36				7	百	
	H01CT111	非煤矿山开采概论	1.0	24	24				7	百	
	H01CT184	矿井运输与提升	1.0	24	24				7	百	
	H01CT041	边坡稳定	1.0	24	24				7	百	
	H01CT202	矿山三维建模	1.0	24	12	12			7	百	
	H01CT081	充填采矿理论与技术	1.5	36	36				7	百	
	H01CT203	矿山生态恢复与重建	1.0	24	24				7	百	
	H01CT200	矿山建设项目经济评价	1.0	24	24				7	百	

表(续)

课程性质	课程编号	课程名称	学分	学时分配					开课学期	成绩记录	备注
				总学时	讲课	上机	实验	实践			
选修课	H01CT200	矿山建设项目经济评价	1.0	24	24				7	百	
	H01CT325	岩土工程测试技术	1.0	24	24				7	百	
	H01CT208	矿山灾害与防治	1.0	24	24				7	百	
	H01CT326	岩土工程概论	1.0	24	24				7	百	
	H01CT171	矿产资源开发与利用	1.0	24	24				7	百	
	H01CT191	矿山安全与评价	1.0	24	24				7	百	
	H01CT207	矿山应急救援	1.0	24	24				7	百	
	合计		25.0	600	576	24	0	0			
	毕业学分要求：专业选修课程要求完成15学分										

四、素质拓展模块

1. 主要类别：包含科研创新训练类、创业训练类、人文、体育素质类、社会实践调查活动类、会议报告讲座类和专业认证考试类等六类；
2. 毕业学分要求：6学分

五、实践教学模块

平台模块	课程编号	课程名称	学分	实践学时	实践周数	开课学期	备注
通识教育平台	H99SP006	军事训练	3.0		2周	1	
	H33ST001	马克思主义基本原理概论	0.3	4		1	
	H28SP001	体育1	2.3	36		1	
	H19ST002	大学计算机A	0.6	10		1	
	H19ST001	程序设计基础(VB语言)	1.8	28		2	
	H28SP002	体育2	2.3	36		2	
	H33ST004	中国近现代史纲要	0.3	4		2	
	H33ST002	毛泽东思想和中国特色社会主义理论体系概论	2.0	32		3	
	H28SP003	体育3	2.3	36		3	
	H99ST001	创新创业教育与实践	1.0	16		3	
	H23ST002	心灵导航	0.5	8		3	
	H28SP004	体育4	2.3	36		4	
	H33ST003	思想道德修养与法律基础	0.8	12		4	
	合计		19.5	258			

表(续)

平台模块	课程编号	课程名称	学分	实践学时	实践周数	开课学期	备注
学科基础平台	H05ST001	材料力学	0.5	8		3	
	H19SP008	大学物理实验 1	1.5	24		3	
	H01SP001	测量实习 A	1.5		1 周	4	
	H19SP009	大学物理实验 2	1.5	24		4	
	H01CT323	岩体力学	0.5	8		6	
	合计		5.5	64			
专业教育平台	H01CT230	煤矿地质学	0.3	4		5	
	H01CP101	地质实习	1.5		1 周	5	
	H01CP161	井巷工程(B)课程设计	3.0		2 周	5	
	H01CP248	认识实习(B)	3.0		2 周	5	
	H01CT138	采煤学	0.4	6		6	
	H01CP355	专业生产实习(B)	4.5		3 周	6	
	H01CP068	采煤学课程设计	4.5		3 周	6	
	H01CT181	矿井通风与安全 B	0.3	4		7	
	H01CP178	矿井通风课程设计(B)	1.5		1 周	7	
	H01CP044	采矿毕业设计(B)	21.0		14 周	8	
	H01CP231	煤矿开采毕业实习	3.0		2 周	8	
	合计		43.0	14			
要求:人文社会科学类本科专业不少于总学分(学时)的 20%、理工农医类本科专业不少于 30%							

说明:

1. 成绩记录方式:指采用百分制还是等级制记载考试课程成绩。分别用“百”和“等”标注。
2. 备注说明:※为专业核心骨干课;△为特色课程;○为考试综合改革课程。

附录 5　中西医临床医学专业培养方案

学科门类:医学　　二级类:中西医结合类　　专业代码:100601

一、培养目标

根据国家中医药事业发展的需要,秉承立德为先、育人为本的教育理念,培养具有良好的人文、科学与职业素养,系统掌握中、西医基本理论和基础知识,基本具备中西医各科常见病的诊疗能力,一定的专业外语交流能力,身心健康,富有创新精神,能在卫生医药健康领域中从事中西医结合临床医疗、教学、科研、对外交流及健康保健等工作的应用型人才。

二、培养要求

1. 知识目标

(1) 掌握中、西医学的基本理论知识。

(2) 基本掌握生物科学、行为科学和社会科学的有关知识和方法，并能够用于指导未来的学习和医学实践。掌握生命各阶段人体的正常结构、功能和心理状态。

(3) 掌握人体各阶段各种常见病、多发病(包括精神疾病)的发病原因，认识到环境因素、社会因素及行为心理因素对疾病形成与发展的影响，认识到预防疾病的重要性。

(4) 掌握人体各阶段各种常见病、多发病的中西医发病机理、临床表现、诊断、防治及康复原则。

(5) 掌握基本的中、西药药理知识及临床合理用药原则。

(6) 掌握正常的妊娠和分娩、产科常见急症、产前和产后的保健原则，以及计划生育的医学知识。

(7) 掌握健康教育、疾病预防和筛查的原则，掌握缓解与改善疾患和残障、康复以及临终看护的有关知识。

(8) 掌握临床流行病学的有关知识与方法，掌握传染病的发生、发展、传播的基本规律和常见传染病的防治原则。

(9) 掌握常见急症的诊断、急救处理原则。

2. 能力目标

(1) 具有全面、系统、正确地采集病史和规范书写中西医病历的能力。

(2) 具有系统、规范地进行西医体格检查及精神检查、中医四诊的能力。

(3) 具有较好的临床辨病与辨证相结合、宏观与微观相结合的思维能力和表达能力。

(4) 具有内、外、妇、儿各科常见病、多发病的中西医诊治能力。

(5) 具有常见急症的诊断、急救及处理能力。

(6) 具有根据具体情况选择合适的临床技术，选择最适合、最经济、合乎伦理的诊断、治疗方法的能力。

(7) 具有运用循证医学的原理进行医学实践，完善诊治方法的能力。

(8) 具有与同仁、病人及其家属进行有效交流的能力和调动其合作的能力。

(9) 具有利用各种信息资源和信息技术进行自主学习与研究的能力。

(10) 具有较强的外语交流、阅读能力和古文文献阅读能力。

3. 素质目标

(1) 树立科学的世界观、人生观、价值观和社会主义荣辱观，拥护中国共产党的领导，坚持四项基本原则，具有爱国主义和集体主义精神，愿为医学科学事业发展贡献力量。

(2) 树立关爱病人观念，尊重病人人格，保护病人隐私；坚持以预防疾病发生、减轻和驱除患者的病痛为己任，认识到提供临终关怀的道德责任。

(3) 充分认识医患沟通与交流的重要性，并积极与病人及病人家属进行交流，使其充分理解和配合诊疗计划的制订与实施。

(4) 树立成本效益观念，注重合理用药，选择合理的诊治方案，充分掌握公平有效分配和合理使用有限资源的原则，充分利用可用资源达到康复的最大效益。

(5) 树立终身学习观念，充分认识到不断自我完善和接受继续教育的重要性。

(6) 树立正确的医学伦理观念，尊重个人信仰，尊重每一个人，理解其人文背景及文化价值。

(7) 树立实事求是的科学态度，对超出自己的业务能力而不能有效安全处理的医疗活动，主动寻求其他医师的帮助。

(8) 始终将病人的健康利益作为自己的职业责任。

(9) 具有创新精神和敢于怀疑、敢于分析批判的精神，具有为新知识产生、新技能的发现做出贡献的意识。

(10) 尊重同仁，树立团队意识。

(11) 树立依法行医的观念，学会用法律保护病人和自身的权益。

三、学制

五年。

四、学位

医学学士学位。

五、主干学科

中医学、基础医学、临床医学。

六、主要核心课程及特色课程

中西医临床专业致力于培养能够在卫生医药健康领域中从事中西医结合临床医疗、教学、科研、对外交流及健康保健等工作的应用型人才。因此，对中西医结合临床专业能力的培养为本专业本科教学的重点，故本专业将《中西医结合内科学》《中西医结合外科学》《中西医结合妇科学》《中西医结合儿科学》《中西医结合骨伤科学》设定为专业核心课程。

《中西医结合内科学》是中西医临床教学的重中之重，目前是校级精品课程，课程组成员结构合理，教学经验丰富，为本专业的特色课程之一。此外，《中西医结合外科学》《中西医结合妇科学》《中西医结合儿科学》是中西医结合执业医师考试的重要内容，也是中西医结合临床工作的基本内容，本专业将从优化课程知识体系、加强网络教学平台建设、改革教学方法、改革考核方式、加强试题库建设等五个方面进行特色课程建设。同时，为了强化中医传承能力培养，本专业将《中医各家学说》设置为特色课程，通过混合式教学，提高学生对古文献、古医案的自学能力。

七、主要实践性教学环节

主要包括医学基础课程实验、专业课程实验和实践、毕业实习等。

八、毕业合格标准

学生在校期间德、智、体三方面完成培养要求，按本教学计划的要求，学完必修课、选修课和实践教学环节，取得 247.5 学分，其中必修课 217.5 学分，通识选修课 15 学分，专业选修课 15 学分；通过参加学科竞赛、大学生创新创业项目、学术讲座等创新活动，取得创新素质学分 6 分。

中西医临床医学专业教学计划进程表

一、通识教育平台

课程性质	课程编号	课程名称	学分	学时分配					开课学期	成绩记录	备注
				总学时	讲课	上机	实验	实践			
必修课	H33ST004	中国近现代史纲要	2.0	32	28			4	1	百	
	H33ST003	思想道德修养与法律基础	3.0	48	36			12	2	百	
	H33ST001	马克思主义基本原理概论	3.0	48	44			4	3	百	
	H33ST002	毛泽东思想和中国特色社会主义理论体系概论	6.0	96	64			32	4	百	
	H20ST001	大学英语 1	3.0	48	48				1	百	
	H20ST002	大学英语 2	3.0	48	48				2	百	
	H20ST003	大学英语 3	3.0	48	48				3	百	
	H28SP001	体育 1	2.0	36				36	1	百	
	H28SP002	体育 2	2.0	36				36	2	百	
	H28SP003	体育 3	2.0	36				36	3	百	
	H28SP004	体育 4	2.0	36				36	4	百	
	H99ST007	入学导论	1.0	16	16				1	等	
	H99SP006	军事训练	3.0	2 周				2 周	1	等	
	H99ST005	军事理论	2.0	32	32				1	百	
	H99ST003	大学生职业生涯规划	1.0	16	16				2	等	
	H99ST001	创新创业教育与实践	2.0	32	16			16	3	等	
	H99ST002	大学生就业指导	1.0	16	16				7	等	
	H19ST003	大学计算机 B	2.0	32	22	10			1	百	
	H19ST032	网页设计基础	2.5	40	20	20			2	百	
	H21ST001	大学国文	1.5	24	24				2	等	
	H23ST002	心灵导航	1.0	16	8			8	3	百	
	合计		48.0	736	486	30	0	220			
选修课	课程设置:素质拓展类课程原则上全部为 16 学时,1 学分。网络资源课程为 1～2 学分,技能提升课程原则上 1～3 学分; 毕业学分要求:通识选修课程学分为 15 学分										

二、学科基础平台

课程性质	课程编号	课程名称	学分	学时分配					开课学期	成绩记录	备注
				总学时	讲课	上机	实验	实践			
必修课	H06ST031	人体解剖学 A	3.5	56	56				2	百	
	H06SP034	人体解剖学 B 实验	2.0	32			32		2	百	
	H06ST037	人体生理学 B	3.5	56	56				2	百	
	H06SP011	机能实验学 B	3.0	48			48		2	百	
	H06ST008	病理生理学 B	2.0	32	32				3	百	
	H06ST043	药理学 B	2.5	40	40				4	百	
	H06ST002	病理解剖学 B	2.5	40	40				4	百	
	H06SP005	病理解剖学实验 B	2.0	32			32		4	百	
	H09ST006	生物化学 C	2.5	40	40				4	百	
	合计		23.5	376	264	0	112	0			

三、专业教育平台

课程性质	课程编号	课程名称	学分	学时分配					开课学期	成绩记录	备注
				总学时	讲课	上机	实验	实践			
必修课	H15CP066	中西医临床医学专业毕业实习	69.0	46 周				46 周	10	百	
	H15CT065	中西医临床医学专业毕业考核	4.0	64	32			32	10	百	
	H15CT084	中医基础理论 C	4.0	64	64				1	百	
	H15CT031	医古文 B	3.0	48	48				1	百	
	H15CP081	中医基本实验技能	1.0	16			16		1	百	
	H15CT106	中医诊断学 B	4.0	64	64				2	百	
	H15CP112	中诊技能实训与实验	1.0	16				16	2	百	
	H15CT015	内经选读 B	2.5	40	40				3	百	
	H15CT069	中药学 B	4.0	64	64				3	百	
	H15CP067	中药技能实训与实验	1.5	24			24		3	百	
	H15CT007	方剂学 B	4.0	64	64				4	百	
	H15CP071	中医处方实训与实验	1.5	24			24		4	百	
	H07ST037	实验诊断学	2.0	32	32				5	百	
	H07SP038	实验诊断学实验	1.0	16			16		5	百	
	H07SP042	体检诊断学实验 B	1.0	16			16		5	百	

表(续)

课程性质	课程编号	课程名称	学分	学时分配					开课学期	成绩记录	备注
				总学时	讲课	上机	实验	实践			
必修课	H07ST040	体检诊断学 B	2.0	32	32				5	百	
	H15CT017	伤寒论 B	3.0	48	48				5	百	
	H15CT037	针灸学 A	4.0	64	64				5	百	
	H15CT054	中西医结合内科学 1	5.0	80	80				6	百	※△○
	H15CT058	中西医结合外科学 1	3.5	56	56				6	百	※△
	H15CT049	中西医结合妇科学	4.0	64	64				6	百	※△○
	H15CP063	中西医结合综合实践 1	2.5	40			40		6	百	
	H15CT055	中西医结合内科学 2	4.0	64	64				7	百	※△○
	H15CT059	中西医结合外科学 2	4.0	64	64				7	百	※△
	H15CT048	中西医结合儿科学	4.0	64	64				7	百	※△○
	H15CT051	中西医结合骨伤科学	3.5	56	56				7	等	※
	H15CP064	中西医结合综合实践 2	1.5	1 周				1 周	7	百	
	H15CP090	中医临床技能实训	1.5	24				24	7	等	
	合计		146.0	1 208	1 000	0	136	72			
选修课	H99ST008	医学概论	1.0	16	16				1	百	
	H21CT085	医疗纠纷与法	1.0	16	16				6	等	
	H15CT032	医患沟通技能	1.0	16	16				7	等	
	H06ST038	微生物学	1.5	24	24				3	百	
	H06SP039	微生物学实验	0.5	8			8		3	百	
	H06ST045	医学免疫学	2.5	40	40				3	百	
	H06SP046	医学免疫学实验	0.5	8			8		3	百	
	H06ST051	组织学与胚胎学 B	2.0	32	32				1	百	
	H06SP052	组织学与胚胎学 B 实验	2.0	32			32		1	百	
	H15CT044	中国传统文化	2.0	32	32				1	等	
	H15CT046	中外医学史	2.5	40	40				1	等	
	H15CT070	中药药理学	1.5	24	24				4	等	
	H08ST003	卫生统计学 B	2.5	40	40				4	百	
	H08SP005	卫生统计学实验	1.0	16			16		4	百	
	H08ST008	预防医学 B	3.5	56	56				4	百	
	H15CP039	针灸学技能实训	1.5	24			24		5	百	
	H07ST014	放射诊断学 B	2.0	32	32				5	百	
	H07ST053	心电诊断学 A	1.5	24	24				5	百	
	H07ST005	超声诊断学 B	1.0	16	16				5	百	

表(续)

课程性质	课程编号	课程名称	学分	学时分配					开课学期	成绩记录	备注
				总学时	讲课	上机	实验	实践			
选修课	H07ST003	CT. MRI 诊断学 B	1.0	16	16				5	百	
	H99ST009	医学伦理学	1.5	24	24				5	百	
	H15CT108	中医专业英语基础	1.5	24	24				5	等	
	H15CT057	中西医结合思路与方法	1.5	24	24				5	等	
	H15CT009	金匮要略 B	2.5	40	40				6	等	
	H15CT029	温病学 B	2.5	40	40				6	等	
	H15CP086	中医经典应用实训	1.5	24				24	6	百	
	H07SP044	外科手术学 B	1.5	24				24	6	百	
	H15CT107	中医专业英语对话	1.5	24	24				6	等	
	H15CP109	中医自主创新实验	1.5	24			24		6	等	
	H15CT052	中西医结合精神病学	1.5	24	24				7	等	
	H15CT062	中西医结合肿瘤学	1.5	24	24				7	等	
	H15CT047	中西医结合传染病学	1.5	24	24				7	等	
	H07ST007	传染病学	2.0	32	32				7	百	
	H15CT094	中医内科学 B	4.5	72	72				8	百	
	H15CT078	中医各家学说 B	2.0	32	32				8	百	△
	H15CT050	中西医结合肛肠科学	1.0	16	16				8	等	
	H15CT053	中西医结合康复科学	1.5	24	24				8	等	
	H15CT060	中西医结合危重病学	2.0	32	32				8	等	
	H15CT056	中西医结合皮肤性病学	1.0	16	16				8	等	
	H15CT061	中西医结合眼科学	1.0	16	16				8	等	
	合计		67.0	1 072	912	0	112	48			
	毕业学分要求:专业选修课程要求完成 15 学分										

四、素质拓展模块

1. 主要类别:包含科研创新训练类、创业训练类、人文、体育素质类、社会实践调查活动类、会议报告讲座类和专业认证考试类等六类;

2. 毕业学分要求:6 学分

五、实践教学模块

平台模块	课程编号	课程名称	学分	实践学时	实践周数	开课学期	备注
通识教育平台	H28SP001	体育 1	2.3	36		1	
	H33ST004	中国近现代史纲要	0.3	4		1	
	H99SP006	军事训练	3.0		2 周	1	
	H19ST003	大学计算机 B	0.6	10		1	
	H19ST032	网页设计基础	1.3	20		2	
	H33ST003	思想道德修养与法律基础	0.8	12		2	
	H28SP002	体育 2	2.3	36		2	
	H23ST002	心灵导航	0.5	8		3	
	H28SP003	体育 3	2.3	36		3	
	H99ST001	创新创业教育与实践	1.0	16		3	
	H33ST001	马克思主义基本原理概论	0.3	4		3	
	H33ST002	毛泽东思想和中国特色社会主义理论体系概论	2.0	32		4	
	H28SP004	体育 4	2.3	36		4	
	合计		19.0	250			
学科基础平台	H06SP034	人体解剖学 B 实验	2.0	32		2	
	H06SP011	机能实验学 B	3.0	48		2	
	H06SP005	病理解剖学实验 B	2.0	32		4	
	合计		7.0	112			
专业教育平台	H15CP081	中医基本实验技能	1.0	16		1	
	H15CP112	中诊技能实训与实验	1.0	16		2	
	H15CP067	中药技能实训与实验	1.5	24		3	
	H15CP071	中医处方实训与实验	1.5	24		4	
	H07SP038	实验诊断学实验	1.0	16		5	
	H07SP042	体检诊断学实验 B	1.0	16		5	
	H15CP063	中西医结合综合实践 1	2.5	40		6	
	H15CP064	中西医结合综合实践 2	1.5		1 周	7	
	H15CP090	中医临床技能实训	1.5	24		7	
	H15CP066	中西医临床医学专业毕业实习	69.0		46 周	10	
	H15CT065	中西医临床医学专业毕业考核	2.0	32		10	
	合计		83.5	208			
要求：人文社会科学类本科专业不少于总学分(学时)的 20%、理工农医类本科专业不少于 30%							

说明：

1. 成绩记录方式：指采用百分制还是等级制记载考试课程成绩。分别用“百”和“等”标注。

2. 备注说明：※为专业核心骨干课；△为特色课程；○为考试综合改革课程。

附录 6　　金融学专业培养方案

学科门类:经济学　　二级类:金融学　　专业代码:020301k

一、培养目标

培养政治素质过硬,具有良好的职业道德和职业操守,具备社会责任感,具有一定的科学素养和文学艺术素养;系统掌握金融领域的理论知识,基础扎实,具有金融专业思维和金融专业意识,熟悉国内金融方针、政策、法规,了解国内外最近金融前沿动态;具有一定财务分析能力和处理银行、证券、投资等方面的实务能力;具有一定的创新思想和实践能力,能在银行、证券、投资、保险等金融机构及其他企事业单位经济管理部门从事相关工作的应用型人才。

二、培养要求

本专业培养理论基础扎实、实践能力较强,适应金融业发展需要并能胜任理论和实务部门工作的专业人才。毕业生应获得以下方面的素质、能力和知识;

1. 具有良好的思想政治素质和道德品质,有很强的责任心和敬业精神;
2. 具备参与竞争的良好身心素质,能积极适应并融入社会;
3. 具备良好的实践能力;
4. 具备沟通能力,有良好的团结协作精神;
5. 具备较强的中文语言表达能力及文字表达能力;
6. 具备一定英文语言表达能力及文字表达能力;
7. 能够熟练使用计算机;
8. 掌握现代经济学分析方法;
9. 熟悉国家有关经济、金融的政策、法律、法规;
10. 掌握经济、金融学科的基础理论和基本知识。

三、学制

四年。

四、学位

经济学学士学位。

五、主干学科

矿业工程、安全科学工程。

六、主要核心课程及特色课程

核心课程:金融学,投资学,公司金融,金融市场,保险学,商业银行业务与经营,金融工程

特色课程:财政学、公司金融、商业银行业务与经营、保险学。

七、主要实践性教学环节

课程设计、认识实习、金融模拟实训、学年论文、调查报告、毕业实习及论文。

八、毕业合格标准

学生在校期间德、智、体三方面完成培养要求,按本教学计划的要求,学完必修课、选修课和实践教学环节,取得 193.0 学分,其中必修课 163.0 学分,通识选修课 15 学分,专业选

修课 15 学分；通过参加学科竞赛、大学生创新创业项目、学术讲座等创新活动，取得创新素质学分 6 分。

金融学专业教学计划进程表

一、通识教育平台

课程性质	课程编号	课程名称	学分	学时分配					开课学期	成绩记录	备注
				总学时	讲课	上机	实验	实践			
必修课	H33ST004	中国近现代史纲要	2.0	32	28			4	1	百	
	H33ST003	思想道德修养与法律基础	3.0	48	36			12	2	百	
	H33ST001	马克思主义基本原理概论	3.0	48	44			4	3	百	
	H33ST002	毛泽东思想和中国特色社会主义理论体系概论	6.0	96	64			32	4	百	
	H20ST001	大学英语 1	3.0	48	48				1	百	
	H20ST002	大学英语 2	3.0	48	48				2	百	
	H20ST003	大学英语 3	3.0	48	48				3	百	
	H28SP001	体育 1	2.0	36				36	1	百	
	H28SP002	体育 2	2.0	36				36	2	百	
	H28SP003	体育 3	2.0	36				36	3	百	
	H28SP004	体育 4	2.0	36				36	4	百	
	H99ST007	入学导论	1.0	16	16				1	等	
	H99SP006	军事训练	3.0	2 周				2 周	1	等	
	H99ST005	军事理论	2.0	32	32				1	百	
	H99ST003	大学生职业生涯规划	1.0	16	16				2	等	
	H99ST001	创新创业教育与实践	2.0	32	16			16	3	等	
	H99ST002	大学生就业指导	1.0	16	16				7	等	
	H19ST003	大学计算机 B	2.0	32	22	10			1	百	
	H19ST027	软件设计基础(R 语言)	3.0	48	20	20		8	2	百	
	H21ST001	大学国文	1.5	24	24				2	等	
	H23ST002	心灵导航	1.0	16	8			8	3	百	
	合计		48.5	744	486	30	0	228			
选修课	课程设置：素质拓展类课程原则上全部为 16 学时，1 学分。网络资源课程为 1～2 学分，技能提升课程原则上1～3 学分； 毕业学分要求：通识选修课程学分为 15 学分										

二、学科基础平台

课程性质	课程编号	课程名称	学分	学时分配					开课学期	成绩记录	备注
				总学时	讲课	上机	实验	实践			
必修课	H19ST013	高等数学 A1	5.0	80	80				1	百	
	H13CT025	管理学概论 A	3.0	48	48				1	百	
	H19ST014	高等数学 A2	5.0	80	80				2	百	
	H13CT093	微观经济学	3.0	48	48				2	百	
	H19ST033	线性代数	2.0	32	32				3	百	
	H13CT066	经济法 B	2.0	32	32				3	百	
	H13CT045	宏观经济学	3.0	48	48				3	百	
	H19ST011	概率统计 A	3.5	56	56				4	百	
	H13CT048	会计学基础	3.0	48	48				2	百	
	H13CT007	财政学	2.0	32	32				4	百	※△○
	H13CT064	金融学 A	3.0	48	48				4	百	※
	H13CT067	经济统计学	3.0	48	48				4	百	
	H13CT058	金融计量经济学	3.0	48	48				5	百	
	H13CP059	金融计量经济学课程设计	1.5	1周				1周	5	百	
	合计		42.0	648	648	0	0	0			

三、专业教育平台

课程性质	课程编号	课程名称	学分	学时分配					开课学期	成绩记录	备注
				总学时	讲课	上机	实验	实践			
必修课	H13CP080	商业银行业务与经营 A 课程设计	1.5	1周				1周	5	百	
	H13CT095	学科导论	0.5	8	8				1	等	
	H13CT104	中级财务会计 B	3.0	48	48				3	百	
	H13CP049	会计综合实验	3.0	2周				2周	3	百	
	H13CT101	证券投资学 A	3.0	48	48				6	百	
	H13CT030	国际金融学(金融)	3.0	48	48				7	百	
	H13CT001	保险学 A	3.0	48	48				5	百	△○
	H13CP002	保险学 A 课程设计	1.5	1周				1周	5	百	
	H13CT023	公司金融 A	4.0	64	48	16			4	百	※△
	H13CT079	商业银行业务与经营 A	3.0	48	48				5	百	※△

表(续)

课程性质	课程编号	课程名称	学分	学时分配					开课学期	成绩记录	备注
				总学时	讲课	上机	实验	实践			
必修课	H13CT062	金融市场学 A	3.0	48	48				5	百	※
	H13CT065	金融专业英语	2.0	32	32				7	百	
	H13CT019	风险投资导论	3.0	48	48				6	百	
	H13CT056	金融工程	3.0	48	48				7	百	※
	H13CP057	金融工程课程设计	1.5	1 周				1 周	7	百	
	H13CP075	认识实习(金融)	3.0	2 周				2 周	4	百	
	H13CP013	调查报告(金融)	1.5	1 周				1 周	5	百	
	H13CP096	学年论文	1.5	1 周				1 周	6	百	
	H13CP060	金融模拟实训	1.5	1 周				1 周	6	百	
	H13CP004	毕业实习及论文(金融)	24.0	16 周				16 周	8	百	
	H13CT020	个人理财学	3.0	48	48				6	百	
	合计		72.5	536	520	16	0	0			
选修课	H13CT028	国际结算	2.0	32	32				7	百	
	H13CT006	财务报表分析 B	2.0	32	32				5	百	
	H13CT097	银行会计	2.0	32	32				6	百	
	H13CT088	投资银行理论与实务	2.0	32	32				6	百	
	H13CT094	项目投资评价	2.0	32	32				6	百	
	H13CT103	中国税制	3.0	48	48				5	百	
	H13CT073	人力资源管理概论	2.0	32	32				7	百	○
	H13CT105	中央银行业务	2.0	32	32				6	百	
	H13CT083	审计学 C	2.0	32	32				7	百	
	H13CT102	政治经济学	2.0	32	32				7	百	
	合计		21.0	336	336	0	0	0			
	毕业学分要求:专业选修课程要求完成 15 学分										

四、素质拓展模块

1. 主要类别:包含科研创新训练类、创业训练类、人文、体育素质类、社会实践调查活动类、会议报告讲座类和专业认证考试类等六类;
2. 毕业学分要求:6 学分